AF509708

CATALOGUE MENSUEL N° 193

JANVIER

LIBRAIRIE

DE

Théophile BELIN

29, Quai Voltaire, PARIS

PARIS

LIBRAIRIE Théophile BELIN

29, QUAI VOLTAIRE, 29

1894

1. **Adams** (Louis). Recueil de sculptures gothiques dessinées et gravées d'après les plus beaux monuments construits en France depuis le xıe jusqu'au xve siècle. Paris, 1866, 2 vol. in-4°, en portefeuille (neuf). 50 fr.

> 192 planches. Publié à 144 fr.

2. **Ainslie**. Views in the Ottoman dominions, in Europe, in Asia and some of the Mediterranean islands, from the original drawings taken for sir Robert Ainslié, by Lingi Mayer, with descriptions historical and illustrative. London, Bowyer 1810, 2 vol. in-fol., dem. mar. rouge, avec coins, non rog. 160 fr.

> 71 planches finement coloriées.

3. **Alamanni** (Luigi). Girone il Cortese. *Venegia, Comin da Trino*, 1549, in-4°, veau fauve, ant. fil. 35 fr.

> Roman de chevalerie en octave, dédié à Henri II. On trouve dans le volume 24 jolies gravures sur bois et autant de grandes initiales historiées

4. **Albini** (Bernard-Siegfried). Explicatio Tabularum anatomicarum, Bartholomaei Eustachii, Leidae Batavorum, 1744, in-fol. veau fauve ancien, tr. rouges. 30 fr.

> Ouvrage estimé, contenant 47 planches gravées. Bel exemplaire.

5. **Album** d'un soldat pendant la Campagne d'Espagne en 1823. Paris, Cosson, 1829, in-8, br. 40 fr.

> Ouvrage orné de 40 lithographies en couleur de Langlumé, texte en regard.

6. **Alix** (A.-L.-F). Précis de l'histoire de l'empire Ottoman depuis son origine jusqu'à nos jours. Paris, Didot, 1822, 3 vol. in-8, dem. veau fauve, carte. 12 fr.

7. **Amadis de Gaule.** Les Sept Premiers Liures mis en françoys, par le seigneur des Essars Nicolas de Herberay. *A Paris, pour Vincent Sertenas*, 1548, 7 vol. pet. in-8, v. fauve, fil. à froid., tr. dor. (Rel. du xvıe siècle). 220 fr.

> Nombreuses figures sur bois.

8. **Amours de Mirtil** (Les). Constantinople, 1761, in-12, veau 6 fr.

> Titre frontispice et 6 jolies figures de Gravelot.

9. **Annales** patriotiques et littéraires de la France, et affaires politiques de l'Europe, journal libre, par une société d'Écrivains patriotes et dirigé par M. Mercier, du n° 1, 3 octobre 1789 au n° 574, 29 avril 1791, 3 vol., pet. in-4, demi-veau. 20 fr.

10. (Le) **Antichita di Ercolano** e contorni con qualche spiegazione (da Ottav. Ant. Bajardi). Napoli, Regia Stamperia, 1757-1792, 9 vol. in-fol. max., demi rel. 120 fr.

> Cet ouvrage, magnifiquement exécuté, est divise de la manière suivante : Peintures, 5 volumes avec 4 portraits et 324 planches. — Bronzes, 2 volumes dont un pour les bustes et l'autre pour les statues, avec 2 portraits et 178 planches. — Les lampes et candélabres, 1 volume avec 1 portrait et 96 planches. — Catalogue des anciens monuments de la ville d'Herculanum.

11. **Anti-Radoteur** (L'). ou le petit philosophe moderne. A Londres, chez Émilie, 1785, in-18 mar. rouge, jans. dent. int. tr. dor., (Belz-Niédrée). 18 fr.

12. **Appel** aux générations présentes et futures sur la convention de Paris, faite le 3 juillet 1815, par un officier général témoin des évènements. A Genève, s. d., in-8, br. (de 82 pages). 2 fr.

13. **Apulée**. L'Ane d'Or ou la métamorphose. Traduction de Savalète, préface de J. Andrieux, avec nombreuses gravures dessinées par A. Racinet et P. Bénard. Paris, Didot, 1872, in-8, br. 18 fr.

14. **Aretino** (Pietro). The Ragionamenti or dialogues of the divine Pietro Aretino, literally translated into English. With a reproduction of the Author's portrait, engraved by Mark Antony Raimondi, from the picture of Titian, 6 vol. in 8 br. 50 fr.

> These celebrated « Ragionamenti », of which we now offer the first complete and literal English translation, are altogether different from the insipid, unwitty, trashy little books, published within the past two or three hundred years, under the name of Aretino, They are the offspring of one of the greatest and best satiric writers ; every impartial scholar will, on reading them, be easily convinced that the Devil is not so black as people would fain paint him.

15. **Aretino** (Picho) La Puttana errante. H. libro del Perché. La Pastorella del cavalier marino. Ensemble 3 parties reliées en un vol. in-12, mar. citr., fil. tr. dor., (rel. anc.). 18 fr.

16. **Arioste**. Roland furieux, poème héroïque, traduction nouvelle par M. d'Ussieux, Paris, Brunet, 1775, 4 vol. in-8, veau rac., tr. dor. 80 fr.

> Portrait et 92 figures, dont 44 de l'édition italienne et 46 nouvelles par Cochin, et 2 par Moreau, gravées par de Launay, Lingée et Ponce. Bel exemplaire.

17. Armée Française. Paris, chez A. de Vresse, in-12, cart.   5 fr.

Recueil contenant 24 planches en couleur.

18. Bachaumont. Mémoires secrets pour servir à l'histoire de la République des lettres en France depuis 1762 jusqu'à nos jours ; ou journal d'un observateur. Londres. J. Adamson 1780-89. 36 tomes en 18 vol., in-12, demi-veau.   60 fr.

19. Bailly. Mémoires. Avec une notice sur sa vie, des notes et des éclaircissemens historiques, par MM. Berville et Barrière. Paris, Baudouin, 1821, 3 vol., in-8, dem. veau fauve.   12 fr.

20. Barbazan. Fabliaux et Contes des poètes françois des XIᵉ, XIIᵉ, XIIIᵉ, XIVᵉ et XVᵉ siècles tirés des meilleurs auteurs. Nouvelle édition augmentée et revue sur les manuscrits de la bibliothèque impériale par M. Mion. Paris. Warée de l'imp. de Crapelet, 1808, 4 vol. in-8, dem. veau fauve, tête dor. n. rog. (Petit Simier) 45 fr.

Frontispice à chaque volume. Bel exemplaire.

21. Barbey d'Aurevilly (J.). Le chevalier des Touches. Paris, Lemerre 1888, in-12. br.   4 fr.

22. Barclay (Jean). L'Argenis, traduction nouvelle, (par G. Marcassus). A Paris, chez Nicolas Buon 1623, 1 tome en 2 vol., in-8, mar. citron fil. à la Du Seuil, dos ornés, tr. dor. (rel. anc.).   65 fr.

Portrait de Louis XIII, frontispices et nombreuses figures gravées par Léonard Gaultier.

22 *bis* Barjavel (C.-F.-H.). Dictionnaire historique, biographique, et bibliographique du département de Vaucluse. Carpentras, 1841, 2 tomes en 1 vol. dem. chag tr. jasp. dos orné.   8 fr.

3. Barthélemy. Le Zodiaque, satires. Paris, 1847, gr. in-8, demi-mar. vert. avec coins, tête dor., n. rog., dos orné, (Durvand).   8 fr.

24. Basnage (Jac.). Histoire du vieux et du nouveau Testament représentée en figures par Romain de Hooge avec une explication. Amsterdam, Lindenberg, s. d., 2 parties en 1 vol. in-fol , bas. fauve, tr. dor.   45 fr.

Texte en hollandais. Belles épreuves.

25. Bastiat (Fr.). Œuvres complètes, mises en ordre, revues et annotées d'après les manuscrits de l'auteur. Paris, Guillaumin, 1864, 7 vol. in-12, dem. chag. vert, tr. jasp.   20 fr.

Comprenant : Sophismes économiques, 2 vol. — Essais ébauchés, correspondance, 1 vol. — Le Libre échange, 1 vol. — Harmonies economiques, 1 vol. — Cobden et la ligue, 1 vol. — Correspondance, mélanges, 1 vol.

26. Baucher (F.). Méthode d'Equitation, basé sur de nouveaux principes. Paris, 1842, in-8, dem. veau, tr. jasp.   20 fr.

Portrait et 12 planches par Heyrauld. Rare.

27. Baudelaire (Charles). Les fleurs du mal. Paris, Poulet-Malassis et de Broise, 1857. in 8, mar. grenat, tr. dor. (Thibaron Joly).   110 fr.

Edition originale.

28. Baudoin (J.). Histoire des Chevaliers de l'ordre de Saint Jean de Hiérusalem, contenant leur admirable institution et police, la suite des guerres de la Terre-Sainte, etc., œuvre enrichie d'un grand nombre de figures en taille douce. — Les statuts de l'ordre de Samet Jean de Hiérusalem. — Sommaire des privilèges octroyez à l'ordre de S. Jean, par les papes, empereurs, rois et princes, etc., par Frère Anne de Naberat. Paris, Thomas Joly, 1659, 3 vol. in-folio, rel. en un seul, veau rac. 25 fr.

2 frontispices gravés et nombreux portraits. Légères piqures de vers.

29. Baudoin de Quémadeuc. L'Espion dévalisé. Londres 1782. — Linguet. Mémoires sur la bastille et la détention de l'auteur dans ce château royal. Londres 1783, front. très curieux. Ensemble 1 vol. in-8, veau marb. tr. rouge.   6 fr.

30. Beaumarchais (De). Le mariage de Figaro. Paris, Quantin, 1884, in-12, br.   4 fr.

5 eaux-fortes de Valton, gravées par Abot.

31. Beaumont et **A. de Tocqueville.** Du système pénitentiaire aux Etats-Unis, et de son application en France suivi d'un appendice sur les colonies pénales et de notes statistiques. Paris. Fournier, 1833, in-8, dem. veau vert.   6 fr.

4 planches.

32. Bélina (de). Nos peintres dessinés par eux-mêmes, notes humoristiques et esquisses biographiques. Paris, Bérnard, 1883, gr. in-8, demi-percal. n. rog. couv.   7 fr.

Portraits hors texte.

Et de Livres anciens et modernes

33. **Belon** (Pierre, du Mans). Les observations de plusieurs singularitez et choses mémorables, trouvées en Grèce, Asie, Judée, Egypte, Arabie et autres pays estranges, rédigées en trois livres. Paris. Gilles Corrozet, 1553. pet. in-4, vélin. 30 fr.

Figures dans le texte. Première édition recherchée.

34. **Béraldi** (H.). Mes estampes, 1872-1884. Lille, imprimerie de L. Danel, 1887, pet. in-8, pap. de Hollande, broché. 45 fr.

Tiré à 100 exemplaires.

35. **Béranger.** Chansons de P. J. Béranger, anciennes, nouvelles et inédites, avec des vignettes de Dévéria et des dessins coloriés d'Henri Monnier, suivis des procès intentés à l'auteur. Paris, Baudouin. 1828, 2 vol. — Vignettes en taille-douce par nos meilleurs artistes (37), pour les chansons de Béranger. Paris, Perrotin, 1829, 1 vol. — Ensemble 3 vol. in-8, demi-veau vert, n. rog., dos orné. (Dauphin). 100 fr.

Bel exemplaire contenant 40 figures coloriées d'Henri Monnier. Jolie demie-reliure de l'époque.

36. **Bernardin de St-Pierre.** Paul et Virginie, avec une introduction par Alex. Piédagnel. Paris, Lisoux, 1879, in-12, demi-mar. bleu avec coins, tête dor., n. rog. 22 fr.

6 figures hors texte et 2 vignettes dessinées et gravées à l'eau-forte par Ad. Lalauze.

37. **Berquin.** Pygmalion, scène lyrique de M. J. Rousseau, mise en vers par M. Berquin, le texte gravé par Drouët. Paris, 1775, in-8, de 20 pages y compris la préface, titre gravé et 6 vignettes charmantes, par Moreau, gravées par Delaunay et Ponce. — Zacharie. Les quatre parties du jour, poème, traduit de l'Allemand. Paris, Musier, 1769, in-8, 1 frontispice, 4 figures, 4 vignettes et 4 culs-de-lampe. — Ensemble, 1 vol. in-8, veau fauve, fil. tr. dor. 120 fr.

Les épreuves sont superbes. Bel exemplaire.

38. **Bertaut.** Œuvres poétiques de M. Bertaut, evesque de Sées abbé d'Aunay, premier aumosnier de la Royne. Derniere édition. Augmentées de plus de moitié outre les précédentes impressions. Paris, Toussainct du Bray, 1620, in-8, mar. viol., fil. dos plat orné de fil. 50 fr.

Cette édition contient 8 ff., 672 pp. et 4 pp. de table. Bel exemplaire. Haut. 164 mill.

39. **Beust.** Mémoires du Comte de Beust, ancien chancelier de l'empire d'Autriche-Hongrie, 1809-66. Paris, 1888, 2 vol. in-8. 6 fr.

40. **Bibliorum,** sacrorum vulgate versionis editio. Clero Gallicano dicata. Parisiis, Amb. Didot, 1785, 8 vol. in-8, demi-mar. grenat, avec coins, tête dor., n. rog. 25 fr.

Reliure neuve.

41. **Bienville** (Dc). La nymphomanie ou traité de la fureur utérine a Amsterdam. 1784, in-12. veau. 4 fr.

42. **Biringuccio** (Vanoccio Siennois). La Pyrotechnie ou art du feu, contenant dix livres, auxquels est amplement traicté de toutes sortes et diversité de minières, fusions et séparations des métaux ; des formes et moules pour getter, artilleries, cloches et toutes autres figures ; des distillations, des mines, contremines, pots, boulets, fusées, lances, et autres feuz artificiels, concernans l'art militaire et autres choses dépendantes du feu. Paris, Cl. Fremy, 1556, in-4, vélin blanc. 35 fr.

Figures sur bois. Bel exemplaire d'un ouvrage rare.

43. **Blanc** (Ch.). Le Trésor de la curiosité tiré des catalogues de vente de tableaux, dessins, estampes, livres, marbres, bronzes, ivoires, terres cuites, vitraux, médailles, armes etc. avec diverses notes et notices historiques. Paris, Renouard, 1857, 2 vol. gr. in-8, demi-mar. lavall., avec coins, tête dor., n. rog. 25 fr.

Exemplaire sur gr. papier de Hollande. Envoi d'auteur.

44. **Blanc** (Ch.). La Peinture. Paris, Renouard, 1886, in-8, dem. percal., n. rog. couv. 4 fr.

Portrait et figures.

45. **Blanc** (Ch.). Le Cabinet de M. Thiers. Paris, Renouard, 1871, in-8, demi-mar. rouge, tr. jasp. 3 fr.

Envoi autographe de l'auteur.

46. **Blanc** (Louis). Histoire de Dix Ans, 1830-1840, 12e édition, augmentée de nouveaux documents diplomatiques. Paris, Baillière, 1877, 5 vol. in-8, demi-chag. gren., tr. jasp. 28 fr.

47. **Blanchard.** Félix et Pauline, ou le Tombeau au pied du Mont-Jura. Paris, Maradan An II de la République, 2 part. en 1 vol. in-18, demi-vélin, n. rog. 4 fr.

2 frontispices. Exemplaire du bibliophile Jacob.

48. **Blancheton** (A.). Vues pittoresques

des Châteaux de France, dessinées d'après nature et lithographiées par les principaux artistes de la Capitale. Avec un texte historique et descriptif. Paris, chez l'auteur (1816-1830), 2 vol. gr. in-fol., demi-veau bleu foncé, avec coins plats, toilé, dos orné. 150 fr.

Portrait lithographié de l'auteur et 130 planches. Exemplaire en grand papier.

49. **Blaze.** Le Chasseur au chien courant, par Elzear Blaze, contenant les habitudes, les ruses des bêtes etc. Paris, Tresse, s. d., 2 vol. in-8, demi-mar. olive, avec coins. 15 fr.

Cette édition est la 3e de format in-8. On a ajouté à cet exemplaire 2 gravures qui ne font pas partie de l'édition.

50. **Blois** et ses environs, 3e édition du guide historique dans le Blésois. Blois et Paris, Aubry, 1862, in-8, mar. grenat, fleuron sur les plats, dent. intér., tr. dor., fig. (Capé). 25 fr.

51. **Boccace.** Il Decamerone di M. Giovanni Boccaccio. Londra, 1757, 5 vol. in-8, cart. n. rog., papier de Hollande. 200 fr.

1 portr., 5 front., 110 figures et 97 culs-de-lampe, par Gravelot, Boucher et Eisen, gravés par Lemire Baquoy, Tardieu, etc.

52. **Boileau-Despréaux.** Traité du sublime ou du merveilleux dans le discours, traduit du grec de Longin, par M. D***. A Paris, Vve Claude Thiboust, 1694, in-12, veau. 3 fr.

53. **Boisard.** Fables. Seconde édition. S. l. (Paris), 1777, 2 vol. in-8, fig. fleurons et culs-de-lampe par Monnet, v. f. ant. dos orné, fil. 100 fr.

Exemplaire sur grand papier de Hollande auquel on a ajouté : le double de la 1re figure du tome I, et le tirage a part du fleuron de titre et du cul-de-lampe du tome I.
Au verso du 1er plat de la reliure on lit : *A Monsieur Nervet.*

54. **Bonvalot** (Gabriel). De Paris au Tonkin à travers le Tibre inconnu. Paris, Hachette. 1892, gr. in-8, demi-mar. rouge avec coins, tête dor.. n. rog. 16 fr.

1 carte en couleurs et 108 illustrations, gravées, d'après les photographies prises par le prince d'Orléans.

55. **Borel** (Petrus). Madame Putiphar, seconde édition conforme pour le texte et les vignettes à l'édition de 1839. Préface par M. J. Claretie. Paris, Willem, 1877, 2 vol. in-8, perc. n. rog., couv. front. 8 fr.

56. **Bossuet.** Oraisons funèbres de Bossuet, Fléchier et autres orateurs avec un discours préliminaire et des notices, par M. Dussault. Paris, L. Janet, 1820, 4 vol. gr. in-8, dem. mar. violet, avec coins, tête dor. n. rog., papier vélin. 125 fr.

Très bel exemplaire avec les figures avant la lettre, nombreux portraits.

57. **Bossuet.** Discours sur l'histoire universelle. Edition augmentée des nouvelles additions et des variantes de texte. Paris, Lefèvre, 1825, 2 vol. in-8, dem. veau bleu, tr. peig. 8 fr.

58. **Boubé** (Simon), Main-de-cire. Paris, Piaget, 1888, in-12, cart. dos et coins de perc. n. rog. 75 fr.

Edition originale avec la couverture. Exemplaire tiré sur papier de Hollande, enrichi de 6 aquarelles de H. de Sta, sur le faux-titre et les marges.

59. **Bourget** (Paul). Un scrupule. Paris, Lemerre, 1893, in-12 br. 1 fr. 50

Illustrations de Myrbach.

60. **Bussy-Rabutin.** Histoire amoureuse des Gaules, s. l. n. d. (Holl. vers 1670), in-12, front. mar. bleu, dent. intér. tr. dor. (Chambolle Duru). 30 fr.

Bel exemplaire de cette jolie édition ornée d'un frontispice représentant la Renommée et signé (Bus. inv. Rabut. ex), et dite pour cela, édition à la Renommée, Contient le cantique.

61. **Calendrier de Paphos**, élite des poésies fugitives aux jolies femmes, recueil des pièces en vers, les plus ingénieuses et les plus galantes faites par les dames ou en leur honneur. Avec les noms des auteurs, suivi de tablettes économiques Perte et Gain. Paris, chez Desnos, 1793, 2 parties en 1 vol. in-18, mar. rouge, fil. tr. dor. dos orné (rel. anc) 120 fr.

1 titre et frontispice, 8 jolies gravures et 24 pages de musique.

62. **Cabinet satyrique** (Le), ou recueil parfait des vers piquans et gaillards de ce temps Tiré des secrets cabinets des sieurs de Sigognes, Regnier, Motin, Berthelot, Maynard et autres des plus signalés poètes de ce siècle. Dernière édition revue corrigée et de beaucoup augmentée. S. l. 1667-1672, (Hollande Elzévier). 2 vol. pet. in-12, veau fauve, fil. tr. marbr., dos orné. 50 fr.

Haut 128 mill.

63. **Caricature** (La). 1880 à 1884 inclus. Paris. Librairie Illustrée, 5 vol. pet. in-fol. br. 55 fr.

Nombreuses illustrations.

64. **Catalogue** of a Loan, collection

of pictures principally of the french, school of 1830, Glasgow, Th. Lawrie, 1893, pet. in-fol. cart.   15 fr.

30 planches.

65. **Catalogue** of the renowned collection of objets of art and décoration of. E. Joseph. Londres, 1886. in-4. cart.   20 fr.

35 planches.

66. **Catalogue** de tableaux modernes, dessins et aquarelles composant la collection de M. Geoffroy-Dechaume. Paris, 1893, gr. in-8, br.   4 fr.

6 planches.

67. **Catalogue** des objets d'art et d'ameublement, composant la collection du prince. Borghèse. A Rome 1892, gr. in-8, br.   10 fr.

18 planches.

68. **Catalogue** de tableaux modernes de premier ordre, composant la collection de feu M. Roederer, vente du 5 Juin, 1891, in-4. br.   20 fr.

26 planches, prix marqués.

69. **Catalogue** de tableaux modernes, aquarelles, pastels, dessins composant la collection Coquelin, dont la vente a eu lieu le 27 Mai 1893, in-4, br.   10 fr.

21 planches.

70. **Catalogue** des objets d'art et de riche ameublement des époques Louis XIV ; Louis XV et Louis XVI, composant la collection de feu M. le comte d'Armaillé. Paris, 1890, pet. in-4, br.   8 fr.

17 planches.

71. **Catalogue** de tableaux anciens des écoles flamande, hollandaise, française, espagnole, italienne et allemande, formant l'importante collection de M. G. Rothan. Paris, 1890, gr. in-4, br.   45 fr.

77 planches.

72. **Catalogue** des objets d'art composant la précieuse et importante collection de L. de M... Paris, 1891, in-4, br.   25 fr.

43 planches, prix marqués.

73. **Catalogue** des objets d'art et de haute curiosité, composant l'importante et précieuse collection Spitzer. Paris, 1893, 2 vol. in-4, br.   70 fr.

Album contenant 68 planches.

74. **Catalogue** de tableaux anciens et modernes, aquarelles, dessins et objets d'art, formant la célèbre collection de M. E. Secrétan. Paris,

1889, 2 vol. in-folio, br.   60 fr.

108 planches.

— Le même, 3 vol. br.   90 fr.

75. **Caylus.** Œuvres badines, complètes du comte de Caylus. Amsterdam et Paris, 1787, 12 vol. in-8, veau marb., tr. marbr.   50 fr.

1 portrait par Cochin, gravé par Delaunay jeune, et 24 figures par Marillier, gravées par Baquoy, Borgnet, Dambrun, Fessard, de Ghendt, etc. Bel exemplaire.

76. **Caylus** (le Cte de). Soiriées du bois de boulogne, ou nouvelles françoises et angloises. La Haye, Jean Neaulme, 1742, 2 vol. in-12, mar. rouge, tr. dor. dent. larges. (Derome).   120 fr.

Edition originale. Reliure très fraiche.

77. **Cazotte.** Le diable amoureux, nouvelle espagnole. Naples, 1772, (Paris), pet. in-8, demi-mar. rouge, tête dor. éb.   12 fr.

6 figures en charge, non signées, Roman de sorcellerie. L'héroïne, la jeune, sensible et séduisante Biondetta, n'est autre que Beelzebuth lui-même. L'exemplaire n'est pas très frais intérieurement.

78. **Challamel** (Aug.). La France et les Français à travers les siècles. Paris, Roy, 1882, 4 vol. in-4, demi-rel. chag. rouge.   20 fr.

Contenant 64 gravures hors texte et 24 belles gravures coloriées.

79. **Champfleury.** La succession. Le Camus. Les amis de la nature. Paris, Poulet-Malassis, 1861, in-12, br.   7 fr.

2 frontispices gravés par Bracquemond et Bonvin.

80. **Champsaur** (Félicien). Lulu, pantomine en 1 acte, préface par A. Houssaye. Paris, Dentu, 1888, in-8, demi-mar. bleu, avec coins, tête dor. n. rog., couverture illustrée.   7 fr.

82. **Chevigné** (le Cte de). Les contes rémois, 12e édition, précédée de La Muse Champenoise. par L. Lacour. Paris, librairie des bibliophiles, 1888, in-12, mar. grenat, fil. tr. dor., dent. intér. (Masson-Debonnelle).   35 fr.

Portrait et dessins de J. Worms gravés à l'eau-forte par P. Rajon.

83. **Choisy** (L. de). Journal de Siam fait en 1685 et 1686, in-4, veau, rac.   7 fr.

84. **Claretie** (J.). Les derniers Montagnards. Histoire de l'insurrection de prairial an III (1795). Paris, Lacroix, 1869, in-8, dem. percal. n. rog. couv.   5 fr.

85. Clément (Ch.). Michel-Ange, Léonard de Vinci Raphaël, avec une étude sur l'art en Italie avant le XVIe siècle. Paris, Lévy, 1861, in-12, demi-chag. rouge, tr. peig. 3 fr.

86 **Coeuret** (L.-M.). Le roi de Vérone. Paris, A. Levavasseur, 1837, in-8, br. front. 5 fr.

Envoi d'auteur.

87. Cogniard et **Bourdois**. La Dame aux Cobéas, parodie-vaudeville en 3 actes. Paris, Marchant, 1852, gr. in-8, demi-percal., n. rog. couv. 26 pp. 5 fr.

88. Collection des poètes françois, publiée par Coustelier. Paris, Coustelier, 1723, 10 vol. in-12, veau marb. 60 fr.

Poésies de Coquillart, Guill, Cretin. La légende de P. Faifeu. Œuvres de J. Marot, Martial, 2 vol. La Farce de P. Pathelin, Villon, Racan, 2 vol.

Légère différence dans la reliure du Racan.

89. Collin de Plancy. Dictionnaire infernal, ou bibliothèque universelle sur les êtres, les personnages, les livres, les faits et les choses. Paris, 1825, 4 vol. in-8, dem. chag. tr. jasp. 20 fr.

90. Collin d'Harleville. Œuvres. Nouvelle édition enrichie d'une notice sur sa vie. Paris, Janet et Cotelle, 1821, 4 vol. in-8, demi-mar. viol. avec coins, tête dor. n. rog. dos orné, port. 35 fr.

Bel exemplaire en grand papier vélin.

91. Commerce (Le) galant, ou lettres tendres et galantes de la jeune Iris, et de Timandre. Lyon, Ant. Serisse, 1696, in-12, demi-mar. rouge, avec coins, tr. dor., dos orné. 4 fr.

92. Coppée (François). Œuvres complètes. Paris, Hebert 1886, 7 vol. gr. in-8, dem. mar. lavall. 40 fr.

Edition Lemerre illustrée par Fr. Flameng et Tofani.

93. Corneille. Œuvres. Avec les commentaires de Voltaire. Paris, Renouard, 1817, 12 vol. in-8. demi-veau fauve, tr. jasp. 30 fr.

Portraits et figures de Moreau.

94. Cornelio (Pietro). Della historia di Fiandra, libri X, nella quale si vede l'origine delle civili dissensioni, et guerre universali dal principio fin a questi tempi. In Brescia, appresso P. M. Marchetti, 1582. in-4, vél. blanc. 50 fr.

Bel exemplaire aux armes de J.-A. DE THOU.

95. Coste (Pascal). Monuments modernes de la Perse, mesurés, dessinés et décrits par P. Coste. Paris. Morel, 1867, in-fol., demi-chag. avec coins, tête dor., n. rog., dos orné, 90 fr.

71 planches montées sur onglets.

96. Costumes. Popular Pastimis, being a selection of picturesque, representations of the Customs and Amusements of Great. Britain in ancient and modern times. London, 1816, in-4. dem rel. 35 fr.

Frontispice et 20 planches coloriées.

97. Costumes Russes. Recueil de 11 planches coloriées réunies en 1 vol. in-fol. cart. 10 fr.

98 Cris de Rome. Charmantes petites vignettes avec légendes en Italien, (vers 1582), en 2 vol. in-18, mar. olive, fil. tr. dor. 40 fr.

99. Dareste (M.-C.). Histoire de France depuis les origines jusqu'à nos jours, 2e édition. Paris, Plon, 1874, 9 vol. in-8, demi-toile, tr. jasp. 45 fr.

100. Daru. Histoire de Bretagne. Paris, Didot, 1826, 3 vol. in-8, demi-veau fauve, tr. jasp. (Thouvenin) 12 fr.

101. Dauban (C. A.) La Démagogie en 1793 à Paris, ou histoire jour par jour de l'année 1793. Paris, Plon, 1868, gr. in-8, mar. rouge, tête dor., n. rog., dos orné. 12 fr.

16 pl. hors texte.

102. Daudet (Ern.). La Terreur Blanche, Episodes et Souvenirs de la réaction dans le midi en 1815. Paris, Quantin, 1878, in-8, br. (mouillures), 3 fr.

103. Daudet Alphonse. La Défense de Tarascon, Paris, Conquet, 1886, in-16. br. 80 fr.

16 aquarelles d'après Draner. Très rare.

104. Daudet (Alph.). L'Immortel, mœurs parisiennes. Paris, Lemerre, 1886, in-12, br. couv. 3 fr.

1re édition.

105. Daudet (Alph.). Sapho, Paris, Lemerre, 1886, in-16, br. n. coupé. papier teinté. 3 fr. 50.

106. Daudet (Alph.). La Lutte pour la Vie, pièce en cinq actes, six tableaux. Paris, C. Lévy, 1890, in-8, dem. percal, tête peig., n. rog., couv. 5 fr.

107. Daudet (Alph.). Port-Tarascon.

dernières aventures de l'illustre Tartarin, Paris, Dentu, 1890, in-8, percal., tête jasp., n. rog., couv. 7 fr. 50.

Dessins de Bieler. Toncoin, Montégut, etc.

108. **Daudet** (Alph.). Les Cigognes, légende Rhénane, Rêvée et dessinée par Jundt, racontée aux tout petits par Alph. Daudet. Paris. Chasles, 1886, in-4, demi-percal., avec coins, tête jasp., n. rog., couv. 15 fr.

30 planches hors texte.

109. **Daudet** (Alph.). Port Salvation or the Evangelist, Translated by. C. Harry, Meltzer, London, 1883, 2 vol. in-12, cart., n. rog. 4 fr.

110. **Daudet** (Alph.). Théâtre, Paris, Charpentier, 1880, in-12, dem. percal, avec coins n. rog., couv. 7 fr.

L'un des 50 ex. sur papier de hollande.

111. **Daudet** (Alph.). Trente ans de Paris, à travers ma vie et mes livres. Paris. Marpon, 1888, in-12, br., figures, couv. 3 fr.

1re édition.

112. **Dayot** (Armand). Les Courses de taureaux. Paris, Baschet, in-4, br. 5 fr.

Illustrations de M. Luque, hors texte, en couleurs et en noir dans le texte.

113. **Delavigne** (Casimir). Œuvres complètes. Paris, Didier, 1846, 6 vol. in-8, demi chag. noir, pl., toile 24 fr.

Très jolie édition avec les figures de Tony, Johannot, gravées sur acier.

114. **Delavigne** (Casimir). Trois Messeniennes nouvelles. Paris, Ladvocat, 1824, in-8 de 43 pages, br. 3 fr.

115. **Description** of the Works of art. forming the collection of A. de Rotschild. Londres, ch. Davis, 1884. 2 vol. in-4, mar. bleu, large dent, sur les plats, dent. intér., tranche d'or, dos orné. 400 fr.

194 planches. Ouvrage non mis dans le commerce tiré à 100 exemplaires.

116. **Desforges.** Les mille et un souvenirs ou les veillées conjugales. A. Hambourg, 1799, 4 vol. reliés en 2 vol. in-12, dem. rel. veau. 10 fr.

117. **Dieulafoy** (Mme Jane). La Perse, la Chaldée et la Susiane. Paris, Hachette, 1887, in-4, cart. artistique, tr. dor. 30 fr.

336 gravures sur bois et 2 cartes.

118. **Dinouart** (l'abbé). Abrégé de l'embryologie sacrée, ou Traité des devoirs de prêtres, des médecins, des chirurgiens et des sages-femmes en-vers les enfants qui sont dans le sein de leurs mères. Paris, Nyon, 1766, in-12, v. br. 8 fr.

Figures.

119. **Discours** merveilleux de la vie, actions et déportemens de Catherine de Médicis, reyne mère ; déclarant tous les moyens qu'elle a tenus pour usurper le gouvernement du royaume de France et ruiner l'estat d'iceluy, Selon la copie imprimée à Paris, 1649, pet. in-8, veau fauve, fil. (Quinet). 8 fr.

120 **Dorat.** Les Tourterelles de Zelmis, poème en trois chants. Rouen, Lemonnyer, 1880, in-8, br. 3 fr.

Figures d'Eisen.

121. **Droz** (Gustave). Babolain. Paris. Hetzel, 1872, in-12, percal, cart. bradel, n. rog., couv. 5 fr.

Edition originale.

122. **Droz** (Joseph). Œuvres. Paris, Renouard, 1826, 2 vol. in-8. br. 4 fr.

123. **Drumont** (Ed.). La France Juive, 2 vol. — La France Juive devant l'opinion, 1 vol. — Paris, Marpon, 1886. Ensemble 3 vol. in-12, percal, tête jasp., n. rog., couv., port. 7 fr.

124. **Dubuisson-Aubenay.** Journal des guerres civiles, 1648-1652, publié par G. Saige. Paris, Champion, 1883-85, 2 vol., gr. in-8, papier vergé, dem. mar. vert, tête dor., n. rog. (Thierry). 15 fr.

125. **Du Camp** (Maxime). Paris, ses organes, ses fonctions et sa vie, dans la seconde moitié du XIXe siècle. 2e édition. Paris, Hachette. 1873, 4 vol. in-8, dem. mar. chag. rouge, tr. peig. 18 fr.

126. **Du Camp** (Maxime). Souvenirs littéraires. Paris, Hachette, 1882, 2 vol. in-8, percal, tête jasp. n. rog., couv. 8 fr.

127. **Duchesne** (Aîné). Essai sur les Nielles, gravures des orfèvres florentin du XXe siècle. Paris, Merlin, 1826 in-8, veau rose gauffré, tr. dor., figures. 25 fr.

Exemplaire Yéméniz. Très rare.

128. **Duclos.** Acajou et Zirphile, conte. A Minutie, 1744, in-4° veau fauve anc. fil. tr. dor,, dos orné. (Pasdeloup). 80 fr.

1 frontispice et 9 figures par Boucher, gravées par Chedel, 1 fleuron sur le titre, 1 belle vignette et 1 cul de lampe. Exemplaire en grand papier.

129. **Duclos** (Ch. Pinot). Contes. Avec une notice bio-bibliographique par

Oct. Uzanne. Paris, Quantin, 1880, in-8, br. port. **6 fr.**

130. Ducourneau et Monteil. Histoire nationale des départements de la France, (Bourgogne). Paris, Marescq, s. d. in-4, dem.-ch. vert. (piqûres). **20 fr.**

Planches hors texte.

131. Du Fouilloux (Jacques). La Vénérie, précédée de quelques notes biographiques et d'une notice bibliographique. Angers, Lebossé, 1844, gr. in-8., demi-chag. lavall., avec coins, tête dor., n. rog. **45 fr.**

Exemplaire en gr. papier. Nombreuses figures dans le texte.

132. Dufrenoy (Mme). Œuvres poétiques, précédées d'observations sur sa vie et ses ouvrages, par M. A. Jay. Paris, Moutardier, 1827, in-8 dem.-veau vert avec coins, n. rog., dos plat (Purgold). **7 fr.**

Portrait et figures.

133. Duhamel du Monceau. Traité des arbres et arbustes qui se cultivent en France en pleine terre. Paris, Roret (Didot l'aîné), 1800-1819, fig. coloriées, d'après les dessins de Redouté et Bessa, 7 vol. in-fol. cart., n. rog. **400 fr.**

500 figures coloriées.

134. Dulaure. Esquisses historiques des principaux événements de la Révolution française, depuis la convocation des états généraux jusqu'au rétablissement de la maison de Bourbon. Paris, Baudouin, 1825, 6 vol. in-8, dem.-veau. **20 fr.**

Portrait et 108 jolies figures.

135. Dulaure. Des divinités génératrices, ou du culte du Phallus, chez les anciens et les modernes. Paris, Liseux, 1885, in-8, br. **10 fr.**

136. Dumas (Alexandre). Gaule et France. Paris, U. Canel, 1833, in-8, dem.-rel., mar. bleu, coins, tête dor., non rog. **10 fr.**

Edition originale, quelques tâches dans le papier faciles à nettoyer.

137. Dumas (Alex.) La Question du divorce. C. Lévy, 1880, in-8, br., couv. **3 fr.**

1re édition.

138. Dumesnil (A.) Mœurs politiques au XIXe siècle. Paris, Audin, 1830, in-8, br. **3 fr.**

139. Dunker, graveur. Esquisses pour les artistes et amateurs des arts sur Paris, nonante et six figures gravées à l'eau-forte dont l'explication se trouve dans le tableau de Paris, par Mercier Yverdon, 1876, in-4, dem.-percal., n. rog. **180 fr.**

1 front. et 95 fig. à l'eau-forte gravées par Dunker. Superbe suite du 1er tirage in-4. On y a jouté le portr. de Séb. Mercier, gravé par Henriquez d'après Pujos.

140. Dupuis (Ludovic). Un déshérité. Paris, Delagrave, 1887, gr., in-8, br. **4 fr. 50.**

Illustré de 42 compositions, par Sandoz. Publié à 10 fr.

141. Duras (la duchesse de). Edouard. Paris, Ladvocat, 1825, 2 vol., pet. in-8, dem. mar. rouge, tête dor., n. rog. couv. **6 fr.**

142. Dusault. De la passion du jeu depuis les temps anciens jusqu'à nos jours. Paris, 1779, 2 vol. in-8, dem. rel., veau, **5 fr.**

143. Dussieux (L.). Les Artistes français à l'étranger, 3e édition, Paris, Lecoffre, 1876, gr. in-8, dem.-percal, tête jasp. n. rog. **8 fr.**

144. Dutuit (Eug.). Manuel de l'amateur d'estampes. 1re partie, introduction générale. Tome 1er, Ecoles flamande et hollandaise. Paris, A. Lévy, 1884, 2 vol. in-4, cart., non rog. **50 fr.**

Planches xylographiques reprodnites par le procédé de A. Pilinstri et fils, titre et table en portefeuille.

145. École (L'). des amans ou l'art de bien aimer. A Paris, chez Cl. Barin, 1700, in-18, dem.-veau fauve, front. **4 fr.**

146. Éloges et Discours sur la triomphante réception du Roy en sa ville de Paris, après la réduction de la Rochelle, accompagnez des figures tant des Arcs de Triomphe que des autres préparatifs. A Paris, chez Pierre Rocolet, 1629, in-fol., fig. d'Abraham Bosse, Melch. Tavernier et P. Firens, v. brun. **60 fr.**

147. Eloquenza tributaria, Orationi al serenissimo principe di Venetia Nicolo Sagredo. Venetia, 1676, in-4, vél. armoiries peintes sur les plats, tr. dor. **12 fr.**

148. Entrée triomphante (L') de leurs majestez Louis XIV, roy de France et de Navarre, et Marie-Thérèse d'Autriche son épouse, dans la ville de Paris, capitale de leurs royaumes, au retour de la signature de la paix générale et de leur heureux mariage. Paris, P. Le Petit, 1662, in-fol., veau, (rel. fatiguée). **80 fr.**

Portrait, front. de Chauveau et 22 pl. gravées par J. Marot et Chauveau, d'après Lepautre et le port. de Louis XIV, par Poilly, d'après Mignot ajouté.

149. États militaires de la France, in-12, veau

    1787   7 fr.
    1788   7 fr.

150. Exposition universelle de 1867. Rapports du Jury international, publiés sous la direction de M. Michel Chevalier. Paris, Dupont, 1868, 13 vol. in-8, br.   12 fr.

151. Extrait abrégé des vieux Mémoriaux de l'abbaye de Saint-Aubin-des-Bois, en Bretagne. Paris, Jannet, 1853, in-12, mar. rouge, fil. dent. int., tr. dor. (Hardy).   18 fr.

    Faisant partie de la Bibliothèque elzévirienne. Exemplaire sur papier de Chine.

152. Fabre (l'abbé A.). Les Ennemis de Chapelain. Paris, Thorin, 1888, in-8, br.   3 fr. 50

    La moitié du faux-titre a été enlevé.

153. Fabre (Ferdinand). Monsieur Jean. Paris, Lemerre, 1889, in-12, br.   4 fr.

154. Faits mémorables des empereurs de la Chine, tirés des annales chinoises. Paris, chez l'auteur, 1788, gr. in-4, dem.-veau rouge.   20 fr.

    Ouvrage renfermant 24 belles planches avec texte en regard, le tout gravé par Helman.

155. Farce (la) de maistre Pierre, Pathelin avec son testament à quatre personnages. Paris, ant. Urbain, 1723, in-12, veau.   5 fr.

156. Fauchet (Claude). Œuvres. Revues et corrigées en ceste dernière édition, supplées et augmentées sur la copie, mémoires et papiers de l'autheur, de plusieurs passages et additions en divers endroits. A Paris, chez Jean de Heuqueville, 1610, in-4, veau.   12 fr.

157. Fédor Golowkin. La princesse d'Amalfi. Paris, chez A. Chasseriau, 1821, in-8, br., port.   3 fr.

158. Fénelon. Les aventures de Télémaque, fils d'Ulysse. Imprimé par ordre du Roi pour l'éducation de Mgr Le Dauphin, Paris, Didot, 1784, 2 vol. in-8, mar. laval, jans. dent. int., tr. rouges.   20 fr.

    Edition très bien imprimée.

159. Fénelon. Les aventures de Télémaque, fils d'Ulysse, par feu messire François de Salignac de la Mothe-Fénelon. Nouvelle édition conforme au manuscrit original et enrichi de figures en taille-douce. A Amsterdam, chez J. Wetstein, G. Smith et Zacharie Chatelain, 1734, in-4 fig., mar. bleu, dos orné, orn. de fil avec coins

dor. sur les pl. dent. int., tr. dor. (Smeers).   120 fr.

    1 front. par Picard, gravé par Folkéma : 1 fleuron sur le titre par L. F. D. B. (Dubourg) gravé par Tanjé, 1 port. de Fénelon, gravé par Drevet d'après Vivien, 24 fig. par Debrie, Dubourg et Picart, gravés par Bernaerts, Folkéma, V. Gunst et Surugue, 24 vignettes par Dubourg, gravées par Duflos, Folkéma, et Tanjé et 21 culs-de-lampe par Debrie et Dubourg, gravés par Duflos et Schenk.

160. Fénelon. Les Aventures de Télémaque, fils d'Ulysse. Paris, Didot jeune, 1790, 2 vol. gr. in-8, veau, porphyre, fil., dent. int., dos ornés, tr. dor.   65 fr.

    1 portrait et 24 figures de Cochin et Moreau. Exemplaire en grand papier vélin avec les figures avant la lettre.

161. Fénelon. Œuvres de M. François de Salignac de la Motte-Fénelon, percepteur des enfants de France, archevêque-duc de Cambrai. A Paris, de l'imp. de Fr. Amb. Didot, 1787-1792, 9 vol. in-4, port. et fig., veau granit, dos orné, dent., tr. dor. (rel. anc.).   45 fr.

162. Ferrières. Mémoires du Marquis de Ferrières, avec une notice sur sa vie, des notes et des éclaircissements historiques par Berville et Barrière. Paris, Baudouin, 1821; 3 vol. in-8, veau.   22 fr.

163. Fetis (Ed.). Galerie du Vte du Bus de Gisignies. texte descriptif et annotations. Bruxelles (impr. de D. Jouaust, à Paris), 1878, in-4, pap. de Hollande, cart. non rog.   25 fr.

    Galerie remarquable de tableaux des écoles flamande et hollandaise, avec 33 planches en photographie.

164. Flaubert (Gustave). Œuvres complètes. Paris, Hébert, édition Quantin, 8 vol. gr. in-8, dem. rel., veau brun, port.   fr. 50

165. Fléchier. Mémoires de Fléchier sur les Grands-Jours d'Auvergne en 1665, annotés et augmentés d'un appendice, par M. Chernel. Paris, Hachette, 1856, in-8, percal, tête jasp., n. rog. couv., front.   6 fr.

166. Flers (Mis de). Le roi Louis-Philippe, vie anecdotique 1773 1850. Paris, Dentu, 1891, gr. in-8, br.   6 fr.

    Ouvrages orné de dix portraits et de dix fac-similé et nombreux fac-similé d'autographes.

167. Fouinet (Ernest). La Caravane des Morts. Paris, Masson, 1836, 2 vol. in-8, cart., tr. éb.   5 fr.

    Cachet sur le titre.

168. Frère Jean. Du neuf et du vieux.

Achat de Bibliothèques

contes et mélanges. Etrennes aux délicats. Bruxelles, Blanche, 1873, in-12, br. 3 fr.

Frontispice à l'eau-forte.

169. Fromentin (Eug.). Une année dans le Sahel, 6e édition. Paris, Plon 1884, in-12, br. 2 fr.

170. Gaimard (Paul). *Voyages en Scandinavie, en Laponie, au Spitzberg et aux Féroé, publiés par ordre du roi.* Paris, Arthus Bertrand, 2 vol. in-fol., dem.-chagrin rouge, n. rog. 100 fr.

310 planches dont plusieurs sont piquées.

171. Galien (Mme). Apologie des dames, appuyée sur l'histoire. Paris, Didot. 1748, in-12, veau. 6 fr.

Beaucoup de faits exposés dans un style clair.

172. Galleria. La Reale Galleria di Torino. Illustrata da Roberta d'Azeglio-Torino. Bassadona, 1836-1844, 4 vol. in-fol., dem.-rel., mar. chag. vert, avec coins, tête dor., n. rog. 400 fr.

Très bel exemplaire sur papier velin, contenant 165 planches. *Avant la lettre.*

173. Garnier Edouard. Histoire de la verrerie et de l'émaillerie. Tours, A. Mame, 1886, in-4, br. 10 fr.

Nombreuses gravures dans le texte et hors texte.

174. Garnier (Edouard). La porcelaine tendre de Sèvres. Paris, Quantin, in-4, dans un cart. 120 fr.

50 planches en couleur reproduisant 258 motifs d'après les originaux

175. Gastelier de La Tour. Armorial des états de Languedoc. A Paris, chez Vincent, 1767, in-4, veau. 50 fr.

Nombreux blasons gravés dans le texte. Ouvrage recherché et très rare.

176. Gaudin (l'abbé). Les Inconvéniens du célibat des prêtres, prouvés par des recherches historiques. Paris, Le Jay, 1790, in-8, cart. 2 fr. 50

177. Gautier (Théophile). Le capitaine Fracasse. avec un avant-propos par Mme Judith Gautier. Paris, Librairie des bibliophiles, 1884, 3 vol. in-8, br., port. 25 fr.

Dessins de Ch. Delort, gravés par Mongin,

178. Gautier (Théophile). Ménagerie intime. Paris, Lemerre, 1869, in-12 dem.-rel. chag., couv. 4 fr.

179. Gavarni. OEuvres nouvelles. Paris, Librairie Nouvelle, s. d. 3 vol. pet. in-fol., dem.-mar. ch. rouge, tr. dor. 75 fr.

Comprenant : Les Partageuses, 40 pl. — Les Invalides du sentiment, 30 pl. — Piano, 10 pl. — Manière de voir des voyageurs, 10 pl. — Les Anglais chez eux, 20 pl. — La Foire aux amours, 10 pl. — L'Ecole des Pierrots, 10 pl. — Ce qui se fait dans les meilleures sociétés 10 pl. — Histoires de politiques, 30 pl. — Les Bohèmes, 20 pl. — Propos de Thomas Vireloque, 20 pl. — Les parents terribles, 20 pl. — Messieurs du feuilleton, 9 pl. — Etudes d'androgynes, 10 pl.

180. Gayot (Eug.). Le Chien, histoire naturelle, races d'utilité et d'agrément, reproduction, éducation, hygiène, maladies, législation. Paris, F-Didot et Cie, 1837, 2 vol. gr. in-8, dont 1 vol. d'atlas, demi-rel. dos et coins de mar. La Vall. foncé, fil., tr. peig. 16 fr.

L'Atlas comprend 67 planches et 127 figures.

181. Gazette des beaux-arts, courrier européen de l'art et de la curiosité de l'origine, 1859 à 1876 inclus, 39 vol. — 2 vol. de table pour les tomes 1 à 25. — Ensemble 41 vol. gr. in 8, dem.-chag., violet, plats toile, n. rog., 600 fr.

Reliure solide et très propre.

182. Gérard (l'abbé). Le Comte de Valmont, ou les égarements de la raison. Lettres recueillies et publiées par M***, 5e édition, revue et augmentée. Paris, Moutard, 1779, 5 vol. in-12, veau fil., tr. dor. 20 fr.

Figures de Monnet. Bel exemplaire.

183. Gressner. La Mort d'Abel. Poème, traduit par Hubert. Edition ornée d'estampes imprimées en couleur d'après les dessins de M. Monsiau. Paris, Defer de Maisonneuve, 1793, gr. in-4, veau marb. dent., tr. dor. 70 fr.

Frontispice et 5 figures en couleurs

184. Gessner (Salomon). OEuvre (gravé). S. L. (Zurich) n. d., 2 vol, in-fol., demi-rel. bas. 100 fr.

Recueil tiré à 25 exemplaires seulement et composé de 166 planches, contenant 336 sujets dess. et gr. par Gessner, auquel on a ajouté le portrait de Salomon Gessner gravé par H. Lips d'après Ant. Graff.

185. Gilles de la Tourette. L'Hypnotisme et les états analogues au point de vue médico-légal. Les états hypnotiques et les états analogues, les suggestions criminelles, cabinets des somnambules et sociétés de magnétisme, hypnotisme devant la loi. Paris, 1887, in-8, br. 6 fr.

186. Girodet-Trioson. OEuvres posthumes suivies de sa correspondance : précédées d'une notice historique et mises en ordre par A. Coupin. Bruxelles, 1829, 3 vol. in-12, dem.-veau.   5 fr.

187. Giroflier aux dames (Le). Ensemble, le dit des sibiles (A la fin.) Imprimé à Paris par Michel le Noir, s. d. in-4 goth., fig. sur bois, mar. vert, jans., dent. int., tr. dor. (Capé).   22 fr.

Reproduction fac-similée par le procédé Pilinski.

188. Gisquet. Mémoires écrits par lui-même. Paris. Marchant. 1840, 4 vol. In-8, demi-rel. mar. r., tête dor., non rog.   28 fr.

189. Godefroy. Le Cérémonial françois, contenanl les Cérémonies observées en France aux sacres et couronnements de roys, et reynes et de quelques, anciens ducs de Normandie, d'Aquitaine et de Bretagne etc. Paris, S. Cramoisy, 1649, 2 vol. in-fol. veau, (armories sur les plats).   45 fr.

Exemplaire en grand papier. Reliure un peu fatiguée.

190. Goldsmith. Le Vicaire de Wakefield. Traduit en français, avec le texte anglais en regard, par Ch. Nodier. Paris, Bourgueleret, 1838, gr. in-8, dem. mar. rouge, n. rog.   16 fr.

Figures dans le texte et hors texte.

191. Gomberville. La Doctrine des Mœurs, tirée de la philosophie des stoïques : représentée en cent tableaux et expliquée en cent discours pour l'instruction de la jeunesse. Paris, Daret, 1646, in-fol. veau.   35 fr.

Nombreuses figures gravées par P. Daret en superbes épreuves. Première édition.

192. Goncourt (Edm. el J. de). Histoire de Marie-Antoinette. Paris, Didot, 1858, in-8 percal, n. rog., couv.   7 fr.

193. Goncourt (Ed. et J.). L'amour au dix-huitième siècle. Paris, Dentu, 1875, in-12, broché,   30 fr.

Exemplaire sur papier de Chine. Eau-forte de Boilvin, texte encadré.

194. Gondar. L'Espion Chinois, ou l'envoyé secret de la cour de Pékin, pour examiner l'état présent de l'Europe. Traduit du Chinois. Cologne, 1765. L'espion françois. Londres, 1780, 2 vol. Ensemble, 8 vol. in-12, dem.-toile.   12 fr.

195. Gonse. L'Art ancien à l'Exposition de 1878, 1 vol. — L'Art moderne à l'Exposition de 1878, 1 vol., Paris, Quantin, 1879. — Ens. 2 vol. in-4, br., ligures.   22 fr.

196. Gourdault (J.). L'Italie, description de toute la péninsule. depuis les passages alpestres inclusivement jusqu'aux régions extrêmes de la Grande-Grèce. Paris, Hachette, in-4, br. 25 fr.

450 gravures sur bois. Publié à 70 fr.

197. Gourdon de Genouillac. Paris à travers les siècles, histoire nationale de Paris et des Parisiens depuis la fondation jusqu'à nos jours. Paris, Roy, 1882, 5 vol. in-4, dem.-chag. rouge.   30 fr.

Edition illustrée contenant 63 gravures hors texte et 16 belles gravures coloriees.

198. Grâces en goguette (Les) ou le passe-temps agréable, chansonnier François. Paris, chez Desnos, 1789, in-18, mar. rouge, fil. sur les plats, tr. dor., dos orné, (rel. anc.).   70 fr.

1 frontispice et 12 jolies gravures.

199. Gramont (le duc de). La France et la Prusse avant la guerre. Paris, Dentu, 1872, in-8, br.   3 fr.

200. Grand-Carteret (J.). Les Mœurs et la Caricature en Allemagne, en Autriche, en Suisse, avec préface de Champfleury. Paris, Westhausser, 1885, gr. in-8, dem.-mar. rouge, tête dor., n. rog., couv.   22 fr.

3 planches en couleur, 20 planches hors texte et 314 vignettes, portraits et titres de journaux.

201. Grasset (Le Dr J.). Traité pratique des maladies du système nerveux. 2e édition. Montpellier et Paris 1881, fort vol. gr. in 8, br.   15 fr.

35 figures dans le texte. 10 pl. dont 6 en chromolithographie et photoglyptic.

202. Greco (Giochino Calabrois). Le jeu des échecs, traduit de l'Italien. Paris, Pepingué, 1669, pet. in-12 bas.   5 fr.

203. Grégoire. Géographie générale, physique, politique et économique. Nouvelle édition, revue et corrigée. Paris, Garnier, s. d., gr. in-8, demi-chag. vert, plats toile tr. dor.   16 fr.

100 cartes, nombreuses gravures intercallées dans le texte et gravures sur acier hors texte.

204. Griffet de la Baume. La Messe de Gnide, poème. Paris, 1884, in-32, br.   4 fr.

64 pages. Tiré à 200 exemplaires.
« Cet opuscule ne porte pas un titre de fantaisie, c'est bien un livre de

messe ; on peut l'emporter à l'église, et suivre d'un bout à l'autre, de l'*Introibo* à l'*Ite, missa est,* toutes les phases et péripéties de l'office...

205. Grimm et **Diderot.** Correspondance littéraire, philosophique et critique, depuis 1753, jusqu'en 1790. Paris, Furne, 1829, 16 vol. in-8, demi-mar. bleu, n. rog.   **70 fr.**

> Bel exemplaire.

206. Grosley. Mémoires de l'académie des sciences, inscriptions, belles-lettres, beaux-arts, etc., ci-devant établie à Troyes en Champagne. s. l. 1768, in-12, demi-veau fauve, tête dor, n. rog., port.   **5 fr.**

207. Guenot (G.) et **Ad. Choquart.** Le Corridor du puits de l'Ermite. Contes de Sainte-Pélagie. Paris, Amb. Dupont, 1833, in-8, front., demi-rel., dos et coins de mar. r., dos orné, fil., tête dor., n. rog. (*Allô.*)   **15 fr.**

> Édition originale. — Bel exemplaire.

208. Guiffrey (Georges). Procès Criminel de Jehan de Poytiers Seigneur de Saint-Vallier. Paris. Lemerre, 1867, in 8, demi-mar. lavall., tête d'or., n. rog., papier de Hollande.   **15 fr.**

> Titre frontispice gravé à l'eau-forte. Envoi autographe de l'auteur.

209. Guiffrey (Jules). Inventaire général du mobilier de la couronne, sous Louis XIV. Paris, siège de la société 1876, in-4., br.   **12 fr.**

> 2e partie seulement.

210. Guimet (Em.). Promenades Japonaises. Paris, Charpentier, 1878-80, 2 vol. in-4, demi-mar. rouge avec coins tête dor. n. rog.   **27 fr.**

> Dessins par F. Régamey.

211. Guizot. Histoire de France, depuis les temps les plus reculés, jusqu'en 1789, racontée à mes petits-enfants. Paris, Hachette, 1875, 5 vol. gr. in-8, demi-chag. vert, tr. jasp.   **50 fr.**

> Nombreuses illustrations. Exemplaire propre.

212. Halévy (Lud.). La Famille Cardinal. Paris, C. Lévy. 1883, in-12 carré, papier vergé de Hollande mar. bleu, jans doublé de mar. bleu tr. dor. (Raparlier).   **300 fr.**

> Bel exemplaire relié sur brochure avec la couverture auquel on a ajouté :
>
> 1e Un portrait de l'auteur dessiné et gravé à l'eau-forte par Abot accompagné d'un dessin original à la plume sur Japon.

2o Une eau-forte sur Japon gravée par Abot d'après Mas.

3o 3 frontispices, aquarelles originales dont 2 de H. Somm et 1 de Sta.

4o 16 aquarelles originales de Lebègue (sur le faux-titre et les marges.)

213. Halévy (Ludovic). Karikari. Paris, L. Conquet, 1888, in-16, br.   **30 fr.**

> Aquarelles d'après Henriot.

214. Hamilton (Cte A.). Mémoires du comte de Grammont. Paris, de l'imprimerie de Didot l'aîné, 1781, 3 vol. in-18, mar. vert jans., tr. dor. (Rel. anc.)   **30 fr.**

> Exemplaire en papier fin. — De la collection de Mgr. le comte d'Artois.

215. Hancarville. Monumens de la vie privée des douze Césars, d'après une suite de pierres gravées sous leur règne. A Caprée chez Sabellus, 1780, in-4, fig. — Monumens du culte secret des Dames romaines, pour servir de suite aux Monumens de la vie privée des XII Césars. A Caprée, chez Sabellus, 1784, in-4, fig. — 2 vol. veau fil., dos orné, tr. dor. (Rel. anc.)   **180 fr.**

> 2 frontispices et 100 planches gravées.

216. Harangues burlesques sur la vie et sur la mort de divers animaux, dediées à la Samaritaine du Pont-Neuf, par Monsieur Raisonnable. A Paris, chez Antoine de Sommaville, 1651, pet. in-8, réglé, mar. bleu jans., dent. int., tr. dor. (Hardy.)   **35 fr.**

> L'auteur de cet ouvrages a emprunté le titre des *Sermoni funebri* de Lando et de *Harangues facétieuses* imprimées en 1618, dont il a imité quelques discours ; mais son texte est d'ailleurs fort différent de celui de Lando et donne cinq harangues de plus.

217. Hardiviller (D'). Souvenirs des Highlands, voyage à la suite de Henri V, en 1832. Relation, scènes, portraits, paysages et costumes. Paris, Dentu, 1835, in-4, demi-veau, n. rog.   **25 fr.**

> Planches hors texte sur chine collé avec texte explicatif.

218. Haussonville (Cte D'). Ma Jeunesse, 1814-1830. Souvenirs. Paris, Lévy, 1885, in-8, demi-percal., n. rog., couv.   **5 fr.**

219. Hénault. Abrégé chronologique de l'histoire de France. Nouvelle édition augmentée par C.-A. Walckenaer. Suivie d'une nouvelle continuation depuis Louis XIV, jusqu'à l'année 1821. Paris, 1821, 6 vol, in-8, demi-mar. rouge, avec coins n. rog. (rel. de l'époque).   **15 fr.**

Et de Livres anciens et modernes

220. Heptaméron (L') des nouvel‖les de tres illustre‖et tres excellente prin‖cesse Marguerite de Valois, royne de‖Navarre,‖remis en son vray ordre, confus au paravant en sa pre‖mière impression, et dédiée à très illustre princesse Jeanne de Foix, (Jeanne d'Albret), royne de Navarre, par Claude Gruget, Parisien. A Paris,‖par‖Benoist Prevost, 1559, in-4, réglé, mar. bleu jans., dent. intér., tr. dor. (Rivière.)   350 fr.

> Seconde édition de l'Heptameron, mais la première offrant un texte authentique et qui renferme les 72 nouvelles. Celle de 1558, publiée par Boaistuau sans l'autorisation de Jeanne d'Albret et d'après un manuscrit imparfait, n'en contient que 67 et n'est pas divisée par journée comme celle-ci.
>
> Raccommodage au titre.

221. Herbier général de l'amateur, contenant la description, l'histoire, les propriétaires et la culture des végétaux utiles et agréables, par Mordant de Launay, continué par M Loiseleur-Deslongchamps. Paris, Audot, 1816, 8 vol. gr. in-8, cart. n. rog.   275 fr.

> Nombreuses figures peintes d'après nature par M. P. Besssa. Exemplaire en papier vélin.

222. Hermant (Abel). Le cavalier Miserey. Paris, A. Piaget, 1888, gr. in-8 br.   15 fr.

> Exemplaire sur papier du Japon, illustré de 250 dessins par L. Vallet et 2 portrait par E. Blanche.

223. Heures nouvelles dédiées à Madame La Dauphine, contenant les offices, Vespres, Hymnes et proses de l'Eglise, augmentées de plusieurs oraisons tirées de la sainte écriture en latin et en françois. Au palais de Soubron, chez Le Gras à l'entrée de la gallerie des prisonniers à l'image Nostre Dame à Paris, 1686, in-8, fig. nombreuses lettres en or, réglé, chagr. noir avec fermoir en argent.   40 fr.

224. Heures d'Avranches. In-8, goth., de 87 ff. ; veau, rac. tr. rouges (rel. du XVIIIes.)   700 fr.

> Précieux livre d'heures sur papier, qui semble avoir échappé aux recherches de tous les bibliothèques, car nous ne le trouvons cité nulle part. Il a été *imprimé à Rouen, vers 1510.* Au verso du dernier feuillet, on lit cette souscription : *Ces presentes heures a l'usage de Aureches | auecques plusieurs suffrages et oraisons ont | este iprimees a Rouen pour Pierre Regnault | Libraire de luniversite de Caen. | On en trouuera a Rouen en la Rue de gaterie | aux trois fers a cheual en Parchemin et en Pa | pier et a Caen en la*

maison dudit Regnault | en froide Rue. Le volume est formé de dix cahiers, signés *A-E, a A-E,* par huit feuillets. Le premier cahier n'a que sept feuillets, dont le second est signé Aü, ce qui peut faire supposer qu'il portait en tête un feuillet blanc. Il débute par une grande gravure sur bois ayant pour sujet ; l'*Allégorie de l'Immaculée Conception de la Sainte-Vierge.* Au verso est la figure de l'*Homme anatomique.* Il contient en plus *dix-sept grandes gravures* à sujets consacrés. Le calendrier, qui commence au feuillet Aij, offre pour chaque mois deux quatrains en français : l'un mnémonique pour faire rappeler les noms des principaux saints du mois ; l'autre, faisant une comparaison entre les mois et les différents âges de l'homme.

> Ce qui le rend extrêmement intéressant pour l'histoire de la gravure sur bois, ce sont les encadrements dont chaque page est décorée, comprenant des scènes mythologiques et des sujets sacrés, et surtout une grande variété de motifs de décoration dans le pur style de la Renaissance.
>
> A la dernière prose, on lit d'une écriture du temps : *Pour maistre Gilles le Forestier, escuyer, procureur pour le Roy en la viconté d'Avranches,* LE FORESTIER.
>
> La conservation de ce livre rarissime est excellente.

225. Heureux mariage (L') étrennes anacréontiques au gout du siècle d'or. Paris, chez Esnauts et Rapilly, 1790, in-8, mar. vert. attribus sur les plats tr. d'or.   60 fr.

> 1 frontispice et 10 gravures en couleur.

226. Histoire de la Dragonne, contenant les actions militaires et les avantures de Geneviève Prémoy, sous le nom du Chevalier Baltazar. Paris, Auroy, 1703, fort vol. in-12, de 614 pp. mar. rouge, fil. dent. int. tr. dor. dos orné (Hardy).   40 fr.

> Portrait par Scotin. Bel exemplaire.

227. Histoire des amazones. Paris, Cl. Barbin, 1678, 2 vol. in-12, vcau 10 fr.

> Très rare.

228. Holbein (Jean). Œuvre, ou Recueil de gravures d'après les plus beaux ouvrages de ce fameux peintre, publié par Chrétien de Mechel. Basle, Guillaume Haas, 1789-1792, 4 parties en 1 vol. pet. in-fol., demi-rel. mar. ch. brun, tr. jasp.   100 fr.

> Recueil de 48 planches.

229. Horace. Les Œuvres, Traduction nouvelle par J. Janin. 3e édition, Paris, Hachette, 1865, in-12, mar. rouge jans dent. int. tr. dor.   20 fr.

230. Horatii. Quinti Horatii Flacci Opera. Londini, Johannes Pine, 1733-1737, 2 vol. in-8, mar. rouge, dos

orné, dent., tr. dor. (Rel. anc.).
135 fr.

Edition remarquable entièrement gravée et ornée de nombreuses figures, entêtes et culs-de-lampe. Premier tirage.

231. Horbes (Thomas). Elementa philosophical de Give. Amstelodami, Apud, Ludovicum et Danielem, Elzé rios; 1657. in-18, mar. rouge, dent intér. tr. dor. (Gruel. 15 fr.

232. Hugo (Victor). OEuvres complètes. Légende des siècles. Paris, Hetzel, Quantin, 1883, in-8, br. 3 fr.

233. Hugo (Victor). OEuvres complètes. Cromwell, Paris, Hetzel, Quantin, 1881, in-8 br. 3 fr.

234. Hugo (Victor). OEuvres complètes. Le Rhin, Paris, Hetzel, Quantin, 1884, in-8, br. 3 fr.

Tome 1er seul.

235. Hugo (Victor). Dieu, Paris Quantin, 1891, gr. in-8, br. 3 fr.

236. Hugo (Victor). OEuvres complètes. Actes et Paroles. Paris, Hetzel, Quantin, 1884. in-8, br. 3 fr.

237. Il puttanismo romano o vero conclaue generale delle puttane della corte Per l'elettione del nuovo Pontefice. In colonia, 1668, in-18, cart. tr. rouges. 5 fr.

238. Jamin (J.), Cours de physique, 2e édition. Paris, Gauthier-Villars 1871, 4 vol. in-8, br. 8 fr.

Figures dans le texte et hors texte.

239. Janin (Jules). Un hiver à Paris. Paris, L. Janet s. d. gr. in 8, percal. n. ornements sur les plats tr. dor.
7 fr.

Enrichi de 18 gravures.

240. Jauffret. Les charmes de l'enfance, 5e édition. Paris de l'imprimerie de Didot jeune, 1796, 2 vol. in 12, mar. rouge fil sur les plats dent intér. tr. dor. (Chambolle Duru) 225 fr.

Exemplaire en papier velin avec la suite du front et des 5 figures de Monnet avant la lettre et eaux-fortes. (Manque l'eau-forte du frontispice.

241. Jollain. Suite de 148 figures tirées de la Bible, gravées sur cuivre avec une légende explicative en latin et en français en bas de chaque figure, in-8, oblong, (dérelié). 20 fr.

242. Journée de l'amour ou heures de Cythère. A Gnide. 1776, in-8, veau, fil. tr. marbr. 15 fr.

Petit recueil de babioles produites par une société littéraire dite l'ordre de la Table Ronde. Il est dédié aux femmes et orné de 4 gravures et 8 culs-de-lampe dessinés par Tannay et gr. par C.

Macret, Bruneau, etc. Ce volume tiré à petit nombre, n'a pas été mis dans le commerce.

243. Jullien de Paris. Notice biographique sur le général polonais Thaddée-Kosciuszko, Paris, Panckoucke, 1818, in-8, br. port (de 48 pages). 2 fr.

244. Juvernay. (Pierre). Le Foudre foudroyant et ravageant contre les péchez mortels. A Paris de l'imprimerie de P. Le-Myr, 1635, in-18, veau dos orné, tr. rouges. 80 fr.

145. Kircheri (Athanasii) China monumentis qu'à sacris qu'à profanis illustra. Amstelodami, J. Janssonius, 1667, in-fol., pl., cart., n. rog. 20 fr.

Frontispices et nombreuses planches gravées.

246. Krafft. Recueil d'architecture civile, contenant les plans, coupes et habitations rurales, jardins anglais, temples chaumières, kiosques, ponts etc.. situés aux environs de Paris et dans les départements voisins. Paris, Crapelet, 1812, in-fol. demi-veau, n. rog. 30 fr.

121 planches avec un texte explicatif.

247. Laborde. Choix de chansons, mises en musique, gouverneur du Louvre, ornées d'estampes en taille-douce. Rouen. Lemonnyer, 1881, 4 vol. gr. in-8, demi mar. chag. rouge, avec coins tête dor. n. rog. dos orné, couv. 110 fr.

Exemplaire sur papier Watman avec les figures en deux états en noir et en bistre.

248. La Bruyère. Les Caractères de Théophraste traduits du Grec avec les Caractères ou mœurs de ce siècle. Paris, Et Michallet, 1696, in-12, veau.
8 fr.

9e éditition.

249. La Fontaine. Contes. — Le Cocu battu et content. *Eau-forte*, de Fragonard. 65 fr.

Très-belle pièce à toutes marges.

250. La Fontaine. Contes et nouvelles en vers, nouvelle édition corrigée. A Amsterdam chez E. Lucas, 1732, 2 vol. in-12, veau, tr. rouges.
15 fr.

Figures de Romain de Hooge.

251. La Fontaine. Contes et nouvelles en vers. Amsterdam, 1764, 2 tomes en un vol. in-8, mar. viol. fil. dos orné, dent int. tr. dor. (Reymann). 150 fr.

Portrait de La Fontaine, 2 fleurons sur les titres, l'un est signé C. Roily. 2

grandes vignettes tirées à part et 2 vignettes en tête de chaque volume, 59 culs-de-lampe et 80 figures d'après celles d'Eisen, dont plusieurs portent la signature de Boily.. Tres-bonnes épreuves.

252. La Fontaine. Contes et nouvelles en vers. Lyon, Scheuning, 1874, 2 vol. in-8, br. (pap. teint).   50 fr.

Figures. Vignettes et culs-de-lampe.

253. La Fontaine. Contes avec illustrations de Fragonard. Réimpression de l'édition de Didot, 1795, revue et augmentée d'une notice par A. de Montaiglon. Paris, Le Vasseur, 1884, 2 vol. in-4, en feuilles.   55 fr.

254. Lafontaine. Fables. Avec un nouveau commentaire littéraire et grammatical, dédiée, au Roi par Ch. Nodier. Paris, Eymery, 1818, 2 vol. in-8, demi-rel. n. rog. (rel fatiguée).   8 fr.

Les figures sont piquées.

255. La Fontaine. Les amours de Psyché et de Cupidon, suivies d'Adonés poème. Edition Ornée de gravures d'après les dessins de Gérard, peintre. Paris, Didot, 1797, in-4, mar. vert, dos orné, large dent à petits fers, tr. dor. (Hardy).   200 fr.

Exemplaire sur papier velin et orné de 5 figures d'après Gérard épreuves avant la lettre.

256. La Grange. Archives de la Comédie-française. Registre de La Grange (1658-1685), précédé d'une notice biographique. Paris, J, Claye, 1876, in-4, br. papier de hollande.   30 fr·

257. Lamartine (Alph.). Méditations. Paris, J. Boquet, 1826, 2 vol, in-8, mar. rouge à long grain, dent. éb.   20 fr.

Portrait et figures de Desenne sur Chine collé.

258. Lamartine. Œuvres complètes. Paris, chez l'auteur, 1860, 40 vol. — Cours de littérature. Paris, 1855-1869, 28 vol. — Ensemble, 68 vol, in-8, demi-mar. rouge avec coins tête dor, n. rog. dos orné port.   650 fr.

Magnifique collection. La reliure seule à coûté ce prix.

259. Lavallée (Théophile). Histoire des Français depuis le temps des Gaulois jusqu'à nos jours. Paris-Charpentier, 1874, 6 vol. in-12, demi, rel. chag.   12 fr.

260. Lavisse (Ernest). La jeunesse du grand Frédéric. Paris, Hachette, 1891, in-8, br.   3 fr. 50

261. Le Faure. Marthe. Paris, C. Da-lou, 1888, in-12, demi-rel. mar. bleu, avec coins tête d'or, n. rog.   5 fr.

80 dessins originaux de L. Vallet.

262. Legouvé. Le mérite des femmes. édition nouvelle précédée d'une notice par Legouvé fils et augmentée de poésies inédites. Paris, Camuzeaux, 1835, in-8, veau bleu, fil tr. dor plats et dos orné, fig.   40 fr.

Jolie rel. de Bibolet.

263. Le Laboureur. Tableaux généalogiques ou les seize quartiers de nos rois depuis Saint Louis jusqu'à présent, des princes et princesses qui vivent et de plusieurs seigneurs ecclésiastiques de ce royaume. Avec un traité préliminaire de l'originaire et de l'usage des quartiers pour les preuves de noblesse. Par le P. Monestrier de la compagnie de Jésus. Paris, E. Coustelier 1683, in-fol. veau.   60 fr.

Nombreux blasons. Exemplaire incomplet des feuillets 15 et 16.

264. Lemaire (Ch.). Iniatition à la philosophie de la Liberté : Paris, Pagnerre, 1841, 2 vol. in-8, demi-mar. orange avec coins tête dor, n. rog., dos orné   8 fr.

Envoi d'autenr et nombreuses correction au crayon.

265. Le Mouël (Eg.). Le Nain Goēmon, conte illustré par l'auteur. Paris, Lemerre, in-4, cart. de l'éditeur, tr. dor. (neuf).   4 fr.

32 gravures en couleur.

266. Le Moyne (Le Père Pierre). La Gallerie des femmes fortes. Paris, chez Antoine de Sommaville, 1647, in-fol., mar. roug. fil., dos orné, tr. dor. (Chambollé-Duru).   150 fr.

Frontispice gravé par Audran e 20 portraits gravés par Mariette, d'après Vignon.

267. Le Nail (E.). Le Château de Blois. (Extérieur et Intérieur). Achitecture de la Renaissance. Paris, Ducher, 1875, in-fol. en feuilles dans un carton.   90 fr.

60 planches colloriées.

268. Lenoir. Statistique monumentale de Paris. Paris, imprimerie Impériale, 1867, 2 vol. gr. in fol. demi-chag. vert n. rog.   150 fr.

270 planches noires et coloriées.

269. Leroy (André). Dictionnaire de pomologie, contenant l'histoire, la description, la figure des fruits anciens et des fruits modernes les plus généralement connus et cultivés.

Paris, 1867-79, 6 vol. gr. in-8, demi-chag viol., tr. jasp.   40 fr.

Contient : Poires, 2 vol. — Pommes. 2 vol. — Abricots et Cerices 1 vol· — Pêches 1 vol.

270. Le Sage. Atlas historique, généalogique. Paris de Sourdon. 1808, in-fol., demi-chag. lavall. avec coins, n. rog.   15 fr.

Cartes coloriées montées sur onglets.

271. Le Sage. Histoire de Gil Blas de Santillane. Édition collationnée sur celle de 1747, corrigée par l'auteur. Paris, Lefèvre, 1820. 3 vol. in-8, veau bleu, large dent. sur les plats fil., tr. dor. (Duplanil).   25 fr.

Figures de Desenne.

272. Le Sage. Aventuras de Gil Blas de Santillana, robadas a España y adoptadas en Francia par Le Sage, restituidias a su patria y su lengua mativa par un Español Zeloso que no sufre se burlen de su nacion Francisco de Isla). Paris, Rignoux, 1826, 5 vol. in-32, veau fauve estampé tr. dor.   30 fr.

Edition ornée de curieuses figures lithographiées en couleur.

273. Lettres, d'Abailard et d'Héloïse, traduites sur les manuscrits de la bibliothèque royale par E. Oddoul, précédées d'un essai historique par M. et Mᵐᵉ Guizot. Paris. Houdaille, 1839, 2 vol. gr. in-8, demi-chag. viol. avec coins, tête dor. éb.   10 fr.

Edition illustrée par J. Gigoux. Quelques piqûres.

274. Lettres amoureuses d'un frère à son élève. Alexandrie, s. d· in-12, br.   15 fr.

275. Lettres de la marquise du Deffand à Horace Walpole depuis comte d'Orford, écrites dans les années, 1766 à 1780 ; auxquelles sont jointes des Lettres de Mᵐᵉ du Deffand à Voltaire. Paris, 1812, 4 vol. in-8, demi-chag. bleu, tête dor., n. rog. port.   15 fr.

276. Lettres de Eugène Delacroix, recueillies et publiées par Philippe Burty. Nouvelle édition revue et augmentée. Paris, Charpentier, 1880, 2 vol. pet. in-8, demi-mar. rouge avec coins, tête dor. n. rog. dos orné couv. (Pcuillet).   18 fr.

L'un des 31 exemplaires sur papier de hollande.

277. Lettres de Louis XI, roi de France, publiées d'après les originaux pour la société de l'histoire de France, par Joseph Vaesen et Et. Charavay. Paris, Renouard, 1883, 3 vol in-8, br. 12 fr.

278. Lettres d'un magistrat à M. F. Morenas, dans lequel on examine ce que dit cet auteur dans la continuation de son Abrégé de l'histoire ecclésiastique sur ce qui s'est passé en France dans les tribunaux séculiers au sujet de la constitution Unigenitus. S. l., 1754, in-12, v. br.   4 fr.

Aux armes d'un prince de Turenne.

279. Lettres sur l'Italie en 1785. Rome et se trouve à Paris, 1788, 2 tomes en 1 vol. in-8, demi-veau, n. rog.   3 fr.

280. Levaillant. Histoire naturelle des oiseaux de Paradis et des rolliers suivie de celle des Toucans et des barbus. Paris, Deuné, 1806, 2 vol, in-fol., demi-veau, n. rog.   50 fr.

Cel ouvrage renferme 113 planches d'oiseaux, fort bien exécutées épreuves noires.

281. Le Verrier de la Conterie. Venerie normande, ou l'Ecole de la Chasse aux chiens courants, pour le Lièvre, le Chevreuil, le Cerf, le Daim, le Sanglier, le Loup, le Renard et la Loutre ; avec les tons de chasse, accompagnés de chacun une explication sur l'occasion et les circonstances où ils doivent être sonnés ; et un Traité des remèdes, un Traité sur le droit de suite, et un Dictionnaire des termes de chasse, etc., par M. le Verrier de la Conterie. A Rouen, chez Laurent Dumesnil, 1778, in-8, fig., mar. rouge jans., dent. int., tr. dor. (Trautz-Bauzonnet).   120 fr.

Bel exemplaire relié sur brochure.

282. Leverrier de la Conterie. L'Ecole de la chasse aux chiens courants ou vénerie, Normande. Nouvelle édition, revue et annotée, précédée d'une introduction et de la Saint-Hubert. Avec un nouveau traité de la maladie des chiens des tons de chasse, etc., Paris. Bouchard-Huzard, 1845, in-8, demi-chag. vert, fig.   12 fr.

283. Littré (E.). Dictionnaire de la langue française. Paris, Hachette, 1885, 5 tomes en 4 vol. in-4, demi-veau, gren. avec coins, tr. jasp.   72 fr.

Le supplément est relié avec le tome 4. Reliure solide.

284. Longus. Les amours pastorales de Daphnis et Chloé, traduites du Grec de Longus par Amyot : Paris, imprimé par P. Didot l'aîné an VIII. pet. in-12, mar. bleu. orn. sur les plats, fil. dent. intér. tr. dor, dos orné. (Capé).   25 fr.

Portraits sur chine de St Aubin.

Et de Livres anciens et modernes

285. Longus. Les amours pastorales de Daphnis et Chloé. A Lille chez Le houcq, 1792, in-12, mar. rouge fil. sur les plats dos orné, tr. dor. (rel. anc.)   25 fr.

Figures du Régent.

286. Longus. Dauphnis et Chloé traduction D. Amyot. Paris, Librairie des bibliophiles, 1872, in-12, mar. orange, fil. dent, intér., tr. dor. (Cuzin).   40 fr.

Compositions d'E. Lévy gravées à l'eau forte par Flameng. Dessin de Giacomelli gravées sur bois par Rouget et Sergent.

287. Loti (P.). Œuvres. Paris, Lévy, 1889, in-12, demi-percal., tête jasp. n. rog. couv.

— Au Maroc 1re édit.   3 fr.

— Le mariage de Loti.   2 fr. 50

— Mont frère Yves.   5 fr.

— Fantôme d'Orient   5 fr.

288. Loti (Pierre). Madame Chrysanthème. Paris, Calmann Lévy. 1880, in-8, br.   45 fr.

Exemplaire sur papier du japon. Dessins et aquarelles de Rossi et Myrbach.

289. Loti (Pierre). Les trois dames de la Kasbah conte oriental. Paris, Cal mann Lévy, 1884, in-12, carré pap. vergé teinté, br. couv.   100 fr.

Exemplaire orné de 16 aquarelles originales de Gaston Roullet, sur les marges.

290. Mantz (Paul). François Boucher, Lemoyne et Natoire. Paris, Quantin, 1880, in-fol. demi-rel. mar. grenat avec coins, fil. à tr. tête dor. ébarbé.   35 fr.

Portrait, planches texte et figures dans le texte.

291. Marc de Montifaud. Racine et La Voisin. Paris, 1878, in-12, br. n. rog.   5 fr.

Exemplaire sur papier de hollande avec 1 portrait de La Voisin par Hanriot.

292. Mariette. Traité des pierres gravées. Paris, imprimerie de l'auteur, 1750, 2 vol. in-fol. demi-veau avec coins.   50 fr.

Taches de rousseur.
Ouvrage très-rare et estimé, rempli de planches gravées dont quelques unes sont pliées.

293. Martin. Le bibliophile amoureux pochade en 1 acte en vers, par A Martin, représentée le 13 Avril, 1866, chez Aglaüs Bouvenne, sur un théâtre de guignol. Paris, 1866. gr. in-8, cart. couv.   10 fr.

Illustré par E. Morin, J. Jacquemart et K. Fichot fils. Exemplaire de Champfleury, avec sa signature.

294. Maupassant (Guy de). Le Rosier de madame Husson, illustration par Habert Dys, eaux-fortes de E. Abot d'après Desprès. Paris, Quantin, 1888, pet. in-4, de 45 pp. avec aquarelles d'Habert Dys à toutes les pages, br. couv. ill.   50 fr.

Exemplaire orné de 2 aquarelles originales par Tony-Martin sur le faux-titre et au recto de la 2e garde du volume.

295. Mémoire pour la demoiselle Le Guay d'Oliva, fille mineure. émancipée d'âge accusée ; contre M. le procureur général, accusateur, en présence de M. le cardinal prince de Rohan de la dame de La Motte-Valois, du sieur de Cagliostro et autres ; tous co-accusés. Paris, Noyon, 1786, in-4, demi-percal. n. rog.   5 fr.

296. Mémoires de Philippe Boudon sieur de La Salle (1626-1652), publiés sur le manuscrit inédit avec notes et introduction par le comte de Baillon. Paris, Techener, 1870, in-8, veau fauve fil. tr. dor. (Petit-Simier).   10 fr.

297. Mémoires et correspondance de madame d'Epinay, 1818, 3 vol. in-8, demi-veau.   8 fr.

298. Mémoires, historiques et militaire sur Carnot rédigés d'après ses manuscrits sa correspondance inédite et ses écrits précédés d'une notice par P. F. Tissot. Paris. Baudouin 1824, in 8, demi-percal. verte, n. rog.   4 fr.

299. Mémoires. Sur le Consulat, 1799 à 1804, par un ancien conseillier d'Etat. Paris, Ponthieu, 1827, in-8, br.   4 fr.

300. Mémoires de madame Rémusat, 1802-1808, publiés par son petit fils P. de Rémusat. Paris, Calmann, Lévy, 1881, 3 vol. in-8, demi-rel. mar. fauve.   15 fr.

301. Memoires d'Estat, contenans les choses les plus remarquables arrivées sous la Regence de la Reyne Marie de Medicis, et du Regne de Louys XIII. A Paris, chez Denys Thierry, 1666, in-18, veau.   3 fr.

302. Mémoires de Monsieur l'abbé de Montgon, publiés par lui-même, contenant les différentes négociations dont il a été chargé dans les cours de France, d'Espagne et de Portugal ; et divers événements qui sont arrivés depuis l'année 1725. Lausanne,

1752, 8 vol. in-12, br., portrait. 8 fr.

303. **Mémoires** du Marquis d'Argenson, ministre sous Louis XV, avec une notice sur la vie et les ouvrages de l'auteur, publiés par René d'Argenson. Paris, Baudouin, 1825, in-8. demi-veau fauve, tr. marb., carte. 5 fr.

304. **Mémoires** de la Grande-Bretagne et de l'Irlande, depuis la dissolution du dernier Parlement de Charles II, jusqu'à la bataille navale de la Hogue. Londres, 1776, 2 vol. in-8, veau, marb., fil., tr. dor. 6 fr.

305. **Mémoires** du sieur de Pontis, officier des armées du Roy, contenant plusieurs circonstances des guerres et du gouvernement sous les regnes des roys Henri IV, Louys XIII et Louis XIV. Amsterdam, 1694, à la sphère, 2 vol. pet. in-12, veau, reliure fatiguée). 6 fr.

306. **Mémoires** inédits sur la vie et les ouvrages des membres de l'Académie royale de peinture et de sculpture, publiés d'après les manuscrits conservés à l'école Impériale des beaux-arts. Paris, Dumoulin, 1854, 2 vol. in-8, demi-veau fauve, tr. jasp. 15 fr.

307. **Menestrier.** La nouvelle méthode raisonnée du blason, pour l'apprendre d'une manière aisée. Lyon, Bruyset, 1750, in-12, veau. 5 fr.

Nombreuses planches de blasons.

308. **Mérard-Saint-Just** (de). OEuvres (Mélanges). Paris, l'auteur, 1782, pet. in-12, dem. mar. viol., avec coins, n. rog. 5 fr.

309. **Méray** (Antony). La vie au temps des cours d'amour, croyances, usages et mœurs intimes des xi⁰, xii⁰ et xiii⁰ siècles, d'après les chroniques, gestes, jeux, partis et fabliaux. Paris, Claudin, 1876, in-8, br. 10 fr.

Exemplaire en gr. papier.

310. **Méténier** (Oscar). Zézette, mœurs foraines. Paris, Charpentier, 1891, in-12, br. 8(fr.

Edition originale avec la couverture et avec envoi autographe de l'auteur. Exemplaire tiré sur papier de Hollande, enrichi de 8 aquarelles originales de Richard Ranft, sur les marges.

311. **Méténier** (Oscar). La grâce. Paris, Giraud et Cⁱᵉ, 1886, in-12, cart., dos et coins de perc., non rog. 45 fr.

Edition originale avec la couverture. Exemplaire tiré sur papier de Hollande, enrichi de 6 aquarelles de J. Apoux, dans les marges.

312. **Monnier** (Henry). Les bas-fonds de la société. Edition minuscule, tirée à 64 exemplaires, br. 10 fr.

8 dessins à la plume de F. R.

313. **Mort du Prince impérial** (La). Recueils de différents journaux, en 1 vol. in-fol. oblong, demi-rel. 5 fr.

314. **Musset** (Alfred). 42 eaux-fortes, pour illustrer les œuvres, dessins de H. Pille, gravés par L. Monziés. Paris, Lemerre, 1878, gr. in-8, en 4 cartons. 35 fr.
au lieu de 100 fr.

Exemplaire sur papier de Chine, avant la lettre.

315. **Musset-Pathay.** Histoire de la vie et des ouvrages de J.-J. Rousseau. Nouvelle édition. Paris, Dupont, 1827, in-8, demi-veau fauve 3 fr.

316. **Nadaud** (Gust.). Chansons choisies. Paris, ateliers de reproductions artistiques, 1882, 2 vol. pet. in-fol., demi-chag. rouge, avec coins, tête dor. éb. 50 fr.

Illustré par ses amis.

317. **Napoléon** au Prince Eugène. Paris, chez Domère, 1821, in-8, br. (de 68 pages). 2 fr.

318. **Napoléon III.** OEuvres. Paris, Plon et Amyot, 1856, 4 vol. gr. in-8, br. 10 fr.

319. **Narrazione** delle solenni reali feste fatte celebrare in Napoli da sua maesta il re delle due Sicilie, Carlo infante di Spagna, duca di Parma, Piacenza, etc., etc., par la nascita del suo primogenito Filippo, real principe delle due Sicilie. In Napoli, 1749, in-fol., cart. 120 fr.

Frontispice et 15 planches doubles. Décorations superbes.

320. **Nogaret.** Le fond du sac ou restant des babioles de M. X***, membre éveillé de l'Académie des Dormans. A Venise, chez Pantalon-Phébus, 1780, 2 vol. rel. en un seul in-18, mar. rouge, fil dent. intér., tr. dor., dos orné. 30 fr.

Portrait et nombreuses gravures à mi-page.

321. **Nostradamus** (Michel). Les vrayes centuries et prophéties de maistre M. Nostradamus. On se void représenté tout ce qui s'est passé tant en France, Espagne, Italie, Allemagne, Angleterre, qu'autres parties du monde. Amsterdam, Jansson, 1668, in-12, mar. vert., tr. dor. (rel. anc.). 30 fr.

Très jolie édition. Raccomodage au titre et à un feuillet.

Et de Livres anciens et modernes

321 bis. Ornementale und Kunstgev-verbliche-Sammelmappe, série IV-V. Leipzig, Karl Hiersemann, 1894, 2 vol. in-folio, dans un carton. 75 fr.

50 planches sur la dentelle.

322. Parny. Œuvres choisies. Paris, Delangle frères, 1827, pet. in-12, mar. grenat, dent. intér., tr. dor. (Belz-Niedrée). 8 fr.

323. Péladan (Joséphin). A cœur per-du. Paris, Edinger, 1888, in-12, br. 5 fr.

Exemplaire sur papier de Hollande. Eau-forte de F. Rops.

324. Péladan (Joséphin) Istar. Paris, Edinger, 1888, in-12, br. 5 fr.

Exemplaire sur papier de Hollande.

325. Péladan (Joséphin). L. Andro-gyne. Paris, Dentu, 1891, in-12. br. 2 fr.

Eau-forte de Point.

326. Péladan (Joséphin). L'initiation sentimentale Paris, Edinger, 1887, in-12, br. 5 fr.

Exemplaire papier de Hollande. Eau-forte de F. Rops.

327. Péladan (Joséphin). Comment on devient mage. Paris, Chamuel, 1892, in-8, br. 3 fr. 50

328. Petit Conteur (Le) amusant et chantant. Etrennes d'un nouveau genre. Paris, Janet, 1803, in-18, mar. vert, dent. sur les plats, tr. dor. (rel. anc. 60 fr.

11 jolies gravures.

329. Petit Chansonnier (Le) fran-çois ou choix des meilleures chan-sons, sur des airs connus, 2e édition. Genève et Paris, 1780, in-12, veau, front. 6 fr.

Recueil peu commun, publié par Sau-tereau de Marsy et composé de pièces assez bien choisies dans les poètes de diverses époques.

330. Petit et Biziaux. Nouveau por-tefeuille de l'ornemaniste, 50 plan-ches, dont 5 en couleur, extraites du journal-manuel de peinture. Paris, Morel, 1862, in-fol., cart., monté sur onglets. 20 fr.

331. Petit (Victor). Habitations cos-mopolites. Recueil de maisons, ha-bitations et constructions pittores-pues de tous les pays du monde et dont on a pu admirer divers spéci-mens à l'exposition universelle de Paris, en 1867. Paris, Monrocq, in-folio, en feuilles dans un carton. 20 fr.

40 planches en couleurs.

332. Piédagnel (Alex.) Un bouqui-niste parisien. Le père Lécureux. Pa-ris, Rouveyre, 1878, in-8, demi-per-cal., n. rog., couv. 6 fr.

Frontispice à l'eau-forte, par Max. La-lanne. L'un des 10 ex. sur papier de Chine.

333. Piédagnel (Alex.). Hier. Paris, Motteroz, 1882, gr. in-8, br. 10 fr.

Exemplaire sur papier du Japon. Illus-trations en bistre dans le texte.

334. Piédagnel (Alex.). Jadis, souve-nirs et fantaisies. Paris, Liseux, 1886, gr. in-8, demi-mar. gren., avec coins tête dor., n. rog., dos orné, couv. (Brétault). 10 fr.

6 eaux-fortes de Marcel d'Aubépine.

335. Quatrelles. Colin-Tampon. Pa-ris, Hachette, 1885, in-4, percal., tr. dor. 5 fr.

Illustrations d'après les aquarelles et les dessins d'Eug. Courboin.

336. Randiana ; or Excitable Tales, being the experiences of an erotic philosophes, pp. 127 : A splendidly written work on the Amours of an immorried man. New-York, 1884, in-12, broché. 65 fr.

This interesting volume is divided into trrenty-four chapters, each contamining a « little love affair » briefly but cloverly tobit, of which the author is the hero. Epuisé, très rare.

337. Recueil des lettres missives de Henri IV, publié par M. Berger de Xivrey. Paris, imprimerie royale, 1843. 9 vol, in 4, dont 3, demi-veau fauve, n. rog. et 6 cart. n. rog. 35 fr.

338. Réflexions sur l'âme des bestes en forme d'amusements philosophi-ques. S. l., 1740, in-12, cart. 3 fr.

339. Relation de la Fête du Roi, des grandes revues et des deux voyages de sa majesté dans l'intérieur du royaume, en mai, juin et juillet 1831. Paris, veuve Agasse. 1831, in-8, veau fauve, dos orné, comp. de fil., mi-lieux à froid, tr. marb. (Simier.) 7 fr.

340. Renati Rapini hortorum libri IV, et cultura hortensis. Hortorum historiam addidit. Gabriel Brotier, Parisiis, Barbou 1780, in-12 veau, fil. tr. dor., frontispice. 4 fr.

341. Restif de la Bretonne. Nou-veaux mémoires d'un homme de qualité. La Haye et Paris, 1774, 2 to-mes en 1 vol. in-12, veau fauve, tr. rouge. 7 fr.

Le 1er vol. à l'exception de l'histoire de Zoé, est de Marchand, avocat; les 85 premières pages du 2ᵉ vol. sont aussi de lui.

342. Restif de La Bretonne. Les Françaises, ou XXXIV exemples choisis dans les mœurs actuelles. A Neufchâtel, 1786, 4 vol. in-12, veau.
40 fr.

34 figures de Binet.

343. Restif de La Bretonne. Les Contemporaines, ou aventures des plus jolies femmes de l'âge présent. Recueillies par N*** et publiées par Thimothée Joly, de Lyon, dépositaire de ses manuscrits. Seconde édition. A Paris, chez la Vve Duchesne, 1781-1785, 42 vol. pet. in-8, fig., demi-rel., mar. vert, non rognés. 300 fr.

Bel exemplaire de cet ouvrage des plus importants de Retif de La Bretonne. Nombreuses figures des plus curieuses dessinées par Binet.

344. Restif de la Bretonne. L'An-des dames nationales ou histoire jour par jour d'une femme de France. Genève et Paris, 1791-1794, 12 vol. in-12 br., n. rog. 70 fr.

27 figures. La gravures du 10ᵉ vol. représentant l'exécution de Charlotte Corday s'y trouve.

345. Retz. Mémoires du cardinal de Retz, contenant ce qui s'est passé de remarquable en France, pendant les premières années du régne de Louis XIV. Genève, 1777, 4 vol. — Mémoires de Guy Joli. Genève, 1777, 2 vol. Ensemble 6 vol. in-12, veau. 15 fr.

Rare.

346. Rhétorique (La) des p... ou la fameuse m... Ouvrage imité de l'Italien. A Rome, aux dépens du Saint-Père, 1794, in-8, br. 15 fr.

Réimpression faite exclusivement pour les membres de la Société royale des bibliophiles de Venise, au Palais ducal.

347. Richer (le Dᵣ Paul). Etudes cliniques sur l'hystéro-épilepsie ou grande hystérie. Paris, Delahaye, 1881, gr. in-8, br. 10 fr.

105 figures intercalées dans le texte et 9 gravures à l'eau-forte.

348. Roche (Regina Maria). Clermont. Traduit de l'Anglais, par André Morellet. Paris, Denné, an VII, 3 vol. in-12, demi-veau fauve, figures. 8 fr.

349. Rochebrune (L'abbé de). L'espion de Thamas Kouli-Kan, dans les cours de l'Europe, ou lettres de Pagi-Nassir-Bek. Contenant divers anecdotes politiques, pour servir à l'his-toire du temps présent. Cologne, E. Kinkins, 1746, front., in-12, veau marb., fil., (rel. anc.) 5 fr.

Aux armes de Vignerot Richelieu.

350. Rohault de Fleury (Georges). La Toscane au moyen-âge. architecture civile et militaire. Paris, Morel, 1873, 2 vol. in-fol., demi-mar. rouge, tête dor., n. rog. 100 fr.

140 planches montées sur onglets.

351. Romieu. Proverbes romantiques. Paris, 1827, in-8, demi-rel., veau fauve, avec coins entiers, non rog. 3 fr.

Edition originale.

352. Rommel (De). Correspondance inédite de Henri IV, roi de France et de Navarre avec Maurice-Le-Savant, landgrave de Hesse ; accompagnée de notes et éclaircissemens historiques. Paris, Renouard, 1840, in-8, demi-veau fauve, tr. jasp., port. 6 fr.

353. Rosy Tales ! Exhibited for the delectation of all true lovers of the birch. The charm. The night Schoot. The beautiful jewerss. The butchers daughter etc. London, 1890, in-8, vélin. 15 fr.

354. Roubaud (L'abbé). Histoire générale de l'Asie, de l'Afrique et de l'Amérique. Paris, 1770, 5 vol. in-4, veau écaillé, fil. tr. marb., cartes. 25 fr.

Bel exemplaire.

355. Rousseau (J.-J.). Julie ou la nouvelle Héloïse. Paris, Barbier, 1845, 2 vol. gr. in-8, demi-mar. bleu, avec coins, tr. dor. 20 fr.

Nombreuses vignettes, par Tony Johannot, Wattier, Lepoitevin, H. Baron, Karl Girardet, Rogier, etc.

356. Rousseau (J.-J.). Julie ou la nouvelle Héloïse. Paris, Garnier, 1875, gr. in-8, demi-chag. vert, avec coins, tête dor., n. rog. 15 fr.

Vignettes de Tony Johannot, Lepoitevin, Baron. etc. On a ajouté quelques figures hors texte de Déveria, tiré sur chine collé.

357. Rousseau (J.-J.). Les Confessions. Paris, Barbier. 1846, gr. in-8, demi-chag. viol., plats toile, tête éb., n. rog. 25 fr.

Vignettes par T. Johannot, H. Baron, K. Girardet, C. Nanteuil, etc. Les pl. hors texte, sont sur chine collé. Bel exemplaire non piqué.

358. Rousseau (J.-J.). Emile ou de

l'éducation. A La Haye , chez **J.** Neaulme, 1762, 4 vol. in-8, veau fauve, anc., dos ornés, tr. rouges.

Edition ornée de 4 figures d'Eisen,

359. Rousseau (J.-B.). OEuvres. Nouvelle édition avec un commentaire historique et littéraire, précédé d'un nouvel essai sur la vie et les écrits de l'auteur. Paris, Lefèvre, 1820. 5 vol. in-8, veau gris, fil., tr. dor., port.   20 fr.

360. Rousselet (Louis). L'Inde des Rajahs. Voyage dans l'Inde centrale et dans les présidences de Bombay et du Bengale. Paris, Hachette, 1875, in-4, demi-mar. vert, avec coins, tête dor., n. rog , couv.   45 fr.

Illustré de 317 gravures sur bois et de 6 cartes.

361. Royou (J.-C.). Histoire ancienne, contenant l'histoire des Egyptiens, des Carthaginois, des Assyriens, des Mèdes et des Perses, des Grecs, etc. Jusqu'à la bataille d'Actium. Paris, Le Normant, 1826, 4 vol. in-8, br.   5 fr.

362. Ruffi (Antoine de). Histoire de la ville de Marseille, contenant tout ce qui s'y est passé de plus mémorable depuis la fondation, durant le temps qu'elle a esté république, et souls la domination des Romains, Bourguignons, etc. Marseille , Cl. Garcin, 1642, in-fol., vélin.   15 fr.

Exemplaire fatigué.

363. Ruprich-Robert (V.). Flore ornementale. Essai sur la composition de l'ornement, élémens tirés de la nature et principes de leur application. Paris, Dunod, 1876, in-4, demi-mar. rouge, avec coins, tête dor., n. rog., dos orné.   80 fr.

105 vignettes et 152 pl. dessinées et composées par l'auteur. Gravure de Cl. Sauvageot.
Bel exemplaire.

364. Rutebeuf. OEuvres complètes de Rutebeuf, trouvère du XIIIᵉ siècle, recueillies et mises au jour pour la première fois par A. Jubinal. Paris, 1874, 3 vol. in-18, br., papier de Hollande.   10 fr.

De la bibliothèque Elzévirienne publiée par Jannet Daffis, etc.

365. Sablon. Histoire de l'auguste et vénérable église de Chartres, dédiée par les anciens druides à une vierge qui devoit enfanter. Tirée des manuscrits et des originaux de cette église. A Chartres, chez R. Bocquet, 1683, pet. in-12. mar. rouge, fil., dos

orné, dent. int., tr. dor. (Lortic.)   125 fr.

Très joli petit volume d'une extrême rareté. Haut. 138 mil.

366. Sagettes (Les) et Ruses d'amour; discours où est montré le vrai moyen de faire les approches et entrer aux plus fortes places de son empire. Réimpression textuelle sur l'édition de 1599, avec préface, par A Chassant. Paris, Belin, 1880, in-12, mar. rouge, avec coins, n. rog., couv. (Champs.)   12 fr.

Réimpression à 200 ex. seulement. Rare.

367. Sahib. Croquis maritimes Paris, Vanier, 1880, in-4°, br.   16 fr.

Nombreux dessins.

368. Saint-Allais. Dictionnaire encyclopédique de la noblesse de France. Paris, chez l'auteur, 1816, 2 vol. in 8, demi-mar. rouge, n. rog. 20 fr.

369. Saint-Just. Organt, poème en vingt chants. Avec la clef. Au Vatican (Poulet-Malassis) 1789-1867, 2 vol. gr. in-8, demi-mar. vert, avec coins, tête dor., n. rog.   50 fr.

L'un des 15 exemplaires sur grand papier de Hollande avec le portrait, en trois états, en noir, en bistre et en noir, sur papier du Japon. Très rare.

370. Saint-Simon. Mémoires complets et authentiques sur le siècle de Louis XIV et la Régence. Paris, Sautelet, 1829, 21 vol. in-8, portr., demi-rel. veau.   75 fr.

371. Saint-Venant (Mᵐᵉ de). Cécile Frizler. ou l'enfant du champ de bataille. Paris, Maison, 1807, 2 tomes en 1 vol. pet. in-12, demi-vélin blanc, tête dor.   8 fr.

2 jolies figures de Blanchard. Exemplaire du bibliophile Jacob.

372. Sainte-Beuve. Joseph Delorme. Nouvelle édition très augmentée. Paris, Poulet-Malassis, 1861, in-8, br., couv.   6 fr.

Le titre manque. A la fin se trouve le catalogue de Poulet-Malassis.

373. Sanderi (Ant.). Chronographia sacra Brabantiæ sine celebrum aliquot in ea provincia Abbatiorum, Coenobiorum, monasteriorum, ecclesiorum, piarumque fondationum. descriptio. etc. Hagæ Comitimi, Ch. van Lom. 1726-1727, 3 vol. in-fol., veau ancien.   130 fr.

Bel exemplaire en grand papier, dont toutes les planches sont montées sur onglet et en parfait état.
Portrait et nombreuses vues d'Abbayes. monastères. couvents et églises.

374. **Sanderval** (Aimé-Olivier v^te de). De l'Atlantique au Niger, par le Fontah-Djallon. Paris, Ducrocq, 1882, gr. in-8, br.   4 fr.

Nombreux dessins de Benett, Dufaux, etc., d'après les croquis de l'auteur, gravure de Méaulle, carte en couleur.

375. **Sandras de Courtilz.** Annales de la Cour et de Paris, pour les années 1697 et 1698. Amsterdam, P. Brunel, 1706, à la Sphère, 2 tomes en 1 vol. in-12, veau.   7 fr.

376. **Sarot** (Emile). Les sociétés populaires et en particulier celles de Coutances, pendant la première Révolution. Etude historique. Coutances-Salettes, 1880, in-8, br.   3 fr.

377. **Satyre** ménippée, de la vertu du Catholicon d'Espagne et de la tenue des états de Paris (par Le Roy, Gillot, Passerat, Rapin, etc.,) Ratisbonne, Kerner, 1752, 3 vol. in-8, veau ant., marb.   16 fr.

Frontispice, portraits et figures.

378. **Savary de Lancosne Brèves** (le Cte). De l'Equitation et des Haras. Paris, Rigo, 1842, in-4, demi-rel.   20 fr.

Nombreux dessins de E. Giraud. Rel. fatiguée.

379. **Schola** Apiciana, ex optimis quibusdam authoribus diligenter ac noviter constructa, authore Polyonimo Syngrapheo. Accessere Dialogi aliquot D. Erasmi Roterodami, et alia queda lectu jucundissima. Veneunt Antverpiæ, in ædibus Joannis Steelsij, 1535, pet. in-8, v. f. ant.   50 fr.

Ouvrage donnant de curieuses indications sur les qualités de différents mets et viandes.

380. **Scholl** (Aurélien). Denise. Paris, M. Dreyfous, 1870, pet. in-12, mar. citron, branche de fleurs en mosaïque bleu et vert, sur les plats, dent. intér., tr. dor., dos orné. (Chambolle Duru.)   200 fr.

Exemplaire sur papier de Chine ; contenant 32 aquarelles originales par Penot.

381. **Scott** (Walter). Œuvres. Paris, Didot, 1889, 17 vol. gr. in-8, demichag. rouge. avec coins, tête dor., éb., dos orné.   110 fr.

Comprenant : Le Pirate. — Rob. — Roy. — Guy Mannering. — L'antiquaire. Quentin-Durward.—L'Abbé.—Aventures de Nigel. — La Prison d'Edimbourg. — La fiancée de Lammermoor. — Redgauntlet. — Les Puritains d'Ecosse. — Charles le Téméraire. — La jolie fille de Perth. — Kenilworth. — Ivanhoé. — Le Monastère. — Waverley.

382. **Scott** (Walter). Œuvres complètes. Paris, Ch. Gosselin et Sautelet, 1826, 84 vol. in-12 et atlas in-12, cart., n. rog.   160 fr.

Figures de Desenne et vignettes de Tony Johannot. Très bel exemplaire entièrement non rogné.

383. **Ségalas** (Mme Anaïs). Les Oiseaux de passage, poésies. Paris, Moutardier, 1837, in-8, br., couv., non rog.   3 fr.

Edition originale, front. et vignettes.

384. **Ségalas** (Mme Anaïs). La Femme. poésies. Paris, L. Janet, s. d., in-12, dem.-chag. viol., tête peig., n. rog.   3 fr.

Portraits et vignettes.

385. **Segrais.** Zayde, histoire espagnole. Avec un traité de l'origine des Romans, par M. Huet. Paris, 1764, 2 vol. petit in-12, veau, fil.,   3 fr.

386. **Ségur** (le Cte de). Mémoires ou souvenirs et anecdotes Paris, 1854, 3 vol. in-8, dem.-veau vert.   10 fr.

Portraits et fac-simile.

387. **Semaine des familles** (La), revue universelle sous la direction de Mlle Zénaïde Fleuriot, 1876-1878, Paris, Lecoffre, 2 vol. gr. in-8, br.   6 fr.

Illustrations dans le texte.

388. **Senault** (L.). Heures nouvelles tirées de la Sainte Ecriture. Ecrites et gravées par L. Senault. Paris, s. d., (1630), in-8, mar. rouge, tr. dor. (rel. anc.).   35 fr.

Texte entièrement gravé. Vignettes.

389. **Soldi** (Emile). Les arts inconnus. Paris, E. Leroux, 1881, in-4, br. 12 fr.

Ouvrage orné de 450 gravures.

390. **Soltykoff** (le prince). Voyages dans l'Indre. Paris. Garnier frères, s. d. gr. in-8, br.   12 fr.

Nombreuses lithographiques par De Rudder, Marchais, Lehnert, Cupper, Gerlier, Robineau.

391. **Soupé** (le). ouvrage moral. A Londres, s. d., 2 parties en un vol. in-12, dem.-rel.   5 fr.

392. **Sterne** (Laurent). Voyage sentimental suivi des lettres d'Yorick à Eliza. Paris, chez Gabriel Dufour, 2 vol. in-4, veau, (rel. anc.).   120 fr.

Jolies figures de Monsiau.

393. **Strachey** (sir John). L'Inde, préface et traduction de J. Harmand, Paris, Société des éditions scientifiques, 1892, in-8, br.   4 fr.

394. **Sue** (Eug.). Les Misères des en-

fants trouvés. Paris, s. d., 4 vol. gr. in-8, dem.-chag.. tr. peign.   18 fr.

Figures hors texte.

395. **Sue** (Eug.). Mathilde. Mémoires d'une jeune femme. Paris, 1844, 2 vol. gr. in-8, dem.-chag. viol., tr. jasp.   20 fr.

Figures dans le texte et hors texte. Quelques taches de rousseur comme tous les exemplaires.

396. **Suétone.** Les douze Césars traduits du latin, avec des notes et des réflexions, par M. de La Harpe, Paris, 1805, 2 vol. in-8, veau, portraits.   5 fr.

397. **Swift.** Voyages de Gulliver, Paris, de l'imprimerie de P. Didot, l'aîné, an v, 1797, 4 parties en 2 vol in-12, dem.-veau.   20 fr.

Frontispice et figures de Lefèvre.

398 **Tabarin.** Recueil général des œuvres et fantaisies de Tabarin, divisé en deux parties, contenant ses rencontres, questions et demandes facétieuses avec leurs responses, les Aventures et amours du capitaine Rodomont. A Rouen, chez David Geuffroy, 1627, 2 part. en 1 vol., pet. in-12, mar. citron fil., doublé de mar. bleu comp., arabesques et feuillages, dorure à petits fers, dos orné, tr. dor. (Duru).   250 fr.

Très bel exemplaire grand de marges et bien conservé d'une des éditions les plus complètes du Recueil général des Œuvres de Tabarin. Il est orné d'une riche et élégante reliure exécutée par Duru.

399. **Tableau des piperies** (Le). des femmes mondaines. Où par plusieurs histoires se voyent les ruses et artifices dont elles se servent (1632). Texte original avec une notice par le bibliophile Jacob. Paris, Willem, 1879, in-8.   12 fr.

L'un des 25 ex. sur papier Whatman.

400. **Taconet** (Maurice). Par les sentiers, contes et souvenirs. Paris, Rouquette, 1894, in-12, br.   40 fr.

Exemplaire sur papier velin avec 52 compositions de Rudeaux et Ch. Léandre.

401. **Tagereau** (Vincent). Discours sur l'impuissance de l'homme et de la femme, Auquel est déclaré que c'est qu'impuissance empeschant et séparant le mariage. Comment elle se cognoist Et ce qui doit estre observé aux procès de séparation pour cause d'impuissance. Paris, Ant. du Breuil, 1611, pet. in-8, dem.-mar. laval, ébarbé.   12 fr.

402. **Tahureau** (Jacques). Poésies, publiées par Prosper Blanchemain. Paris, Jouaust, 1870, 2 vol. in-12, mar. rouge jans., dent. int., tr. dor., (Chambolle-Duru).   50 fr.

403. **Tardieu** (Ambroise). Etude médico-légale sur les blessures, comprenant : les blessures en général et les blessures par imprudence, les coups et l'homicide involontaires. Paris, J.-B. Baillière, 1879, in-2, dem.-chag. vert, tête peig., n. rog.   3 fr.

404. **Taschereau** (Jules). Histoire de la vie et des ouvrages de Molière. Paris, Brissot-Thivars, 1828, gr. in-8, demi-mar. rouge, tr. jasp.   5 fr.

405. **Tastu** (Mme Amable). Poésies. Paris, Tastu, 1827, in-8, veau fauve quadrillé de filets noirs, dent. à froid, tr. dor., dos orné. (Martin)   20 fr.

Frontispice de Déveria, sur chine collé.

406. **Ténot** (Aug.) et Ant. Dubost. Les Suspects en 1858, étude historique sur l'application de la loi de Sûreté générale. Paris, Le Chevalier, 1869, in-8, br.   3 fr.

407. **Teule** (Charles). Pensées et notes critiques extraites du journal de mes voyages dans l'empire du Sultan de Constantinople, dans les provinces Russes, Géorgiennes et Tartares du Caucase et dans le royaume de Perse. Paris, 1842, 2 vol. in-8, demi-veau fauve.   5 fr.

408. **Theatro** moral di la vida humana, en cien emblemas ; con el Enchiridion de Epicteto y la Tabla de Cebes, philossfo platonico. Ambere, viuda de Henrico Verdussen, 1733, 2 parties en 1 vol. in-fol., fig. sur cuivre, mar. r. jans., dent. int., tr. dor. (Belz-Niedrée).   60 fr.

Traduction espagnole ornée de 100 beaux emblèmes, par Otto Vænius. Bel exemplaire.

409. **Théophile.** Œuvres, divisées en trois parties. La première contenant l'Immortalité de l'âme avec plusieurs autres pièces ; la seconde, les tragédies : et la troisième, les pièces qu'il a faites pendant sa prison jusqu'à présent. A Rouen, L. Dumesnil, 1631, in-8, veau fauve, dos orné, fil. et encadrement avec fleurons sur les plats, (rel. anc. genre Du Seuil).   30 fr.

410. **Théophile.** Œuvres. Divisées en 3 parties. Paris, Nic. Pepingué, 1662, in-12, veau.   5 fr.

411. **Thiers.** Suite complète de 100

figures par Tony Johannot Scheffer, sur papier de chine collé, pour illustrer l'Histoire de la Révolution, 10 vol. in-8.   50 fr.

412. Thiers (A.) De la propriété. Paris. Paulin, 1848, in-8, demi-veau gr., tr. jasp.   3 fr.

413. Tiberge (L'abbé). Un bal chez Louis-Philippe. Paris, Dumont, 1831, 2 vol. in-12, demi-mar. lavall. avec coins, tête dor., non rog., dos orné, (Thivet).   15 fr.

414. Tissandier (Gaston). Histoire de mes ascensions. Récit de 24 voyages aériens (1868-1877), précédé de simples notions sur les ballons et la navigation aérienne, Paris, M. Dreyfous, 1878, gr. in-8, demi-chag. rouge, plats toile, tr. dor.   6 fr.

> Dessins dans le texte et hors texte.

415. Tissot (Victor). Voyage aux pays annexés. Paris, Marpon, gr. in-8, demi-mar. vert, figures.   3 fr.

416. Torrent des passions (Le) ou les dangers de la galanterie, aventures du général Major comte de G*** dans les diverses contrées de l'Europe. Mémoires récens d'un général Allemand. Paris, Barba, 1818, 2 vol. in-12, cart.   10 fr.

> 2 figures de Chasselat. Attribué au baron Reveroni Saint-Cyr.

417. Touchatout. Le Trocadéroscope. Paris, 1878, gr. in-8, br., couv.   3 fr.

> 250 dessins noirs et coloriés par Alfred Le Petit.

418. Traité du pouvoir des rois de la Grande-Bretagne, ou l'on fait voir quel a été de tout tems le gouvernement monarchique. Avec la réponse. Amsterdam, 1714, 2 part. en 1 vol. in-12, demi-veau.   3 fr.

419. Traité étémentaire d'architecture ou étude des cinq ordres d'après J. Barozzio de Vignole. Paris, chez Dopter, pet. in-4, br.   4 fr.

> 72 planches gravées sur acier par Hibon.

420. Tranchant (Jean). L'Arithmétique de Jean Tranchant, departie en trois livres. Ensemble un petit discours des changes. Avec l'art de calculer par Getons. Revueue et augmentée, tant de plusieurs règles et articles par l'autheur, que d'une table des poids de 22 provinces, correspondans l'un à l'autre. A Lyon, chez J. Pillehotte à l'enseigne au Jésus, 1602. pet. in 8, velin blanc de l'époque.   40 fr.

> Édition fort rare de ce traité, le premier où le calcul par les jetons soit enenseigné. Très rare, avec le tableau des poids qui manque presque toujours.

421. Tressan. Histoire et plaisante chronique du petit Jehan de Saintre précédé d'une notice par M. Campenon. Paris, Paulin, 1846, in-12, demirel.   2 fr.

422. Triumphe de haulte folie (Le). Reproduction d'un poème lyonnais du XVIe siècle, ornée de figures sur bois et accompagnée d'une introduction et d'un glossaire, par Anatole de Montaiglon. Un joli volume in-12, avec 43 bois dans le texte.
Au lieu de 15 fr.   3 fr.
— Le même sur chine.   4 fr.

423. Tripes (Les), par deux Normands en Normandie, chez tous les Libraires, 1873, in-8 br., papier vergé, eau-forte.   5 fr.

424. Trochu (Le général). L'Empire et la Défense de Paris devant le Jury de la Seine. Paris, Hetzel, 1872, in-8, demi-chagrin vert, tr. jaspée.   4 fr.

425. Troubat (Jules). Plume et pinceau, études de littérature et d'art. Paris, 1878, in-12, br.   2 fr. 50

> Etudes sur Rabelais, Voltaire. Mérimée, l'Assommoir, V. Hugo, La fille Elisa, le Prince de Bismarck, Th. Gautier, Gustave Courbet. — Daubigny, Laurens, Cabanel, Champfleury, etc., etc. Curieux volume.

426. Turgan. Les grandes usines de France. Paris, M. Levy, s. d., 14 vol. gr. in-8, demi-mar. rouge, tr. jasp.   80 fr.

> Bel exemplaire. Nombreuses figures dans le texte.

427. Ussieux (D'). Berthold, prince de Moravie, anecdote historique. — Elizene, anecdote ottomane. Paris, Costard, 1773, 2 parties en 1 vol, in-8, veau.   4 fr.

> 2 gravures hors texte et 2 dans le texte de Carenne et d'Eisen.

428. Ussieux (d'). Les Nouvelles françoises. Paris, Nyon, 1783, 3 vol. in-8, veau écaille, fil., tr. marb.   20 fr.

> 1 fleuron qui sert pour le titre de chaque volume, 15 figures, 11 vignettes et 11 culs-de-lampe par Binet, Desmaisons, Desrais, etc.

429. Uzanne (Oct.). L'Ombrelle, le Gant, le Manchon. Paris, Quantin, 1883, gr. in-8, br., couv. illustrée.   28 fr.

> 80 illustrations de Paul Avril en différentes couleurs, gravées en taille-douce. Rare.

Et de Livres anciens et modernes

430. **Vachon** (Marius). La Vie et l'œuvre de Pierre Vaneau, sculpteur français du XVIIe siècle et le monument de Sobiesky. Paris, Charavay, 1883, in-4, br. 8 fr.

Avec une restitution du monument par Ed. Corroyer. 4 photogravures et 19 dessins publiés à 25 fr.

431. **Vadé.** La Pipe cassée, poème épitragipoissardihéroïcomique. Paris, Belin, in 8, demi-mar. vert, avec coins, tête dor., n. rog., dos orné, couv. (Champs). 12 fr.

Vignettes de Mesplés gravées à l'eau-forte.

432. **Vallès** (Jules). L'Enfant. Paris, Quantin, 1884, in-8, br. 25 fr.

Exemplaire sur papier du Japon, avec la suite des 12 eaux-fortes de Renouard en double état avec lettre et avant lettre.

433. **Vallet** (L·). Le Chic à Cheval. Histoire pittoresque de l'équitation. Préface de M. H. Lavedan. Paris. Didot, 1891, in-4, percal., n. rog., couv. 18 fr.

300 gravures dont 50 en couleurs.

434. **Van der Meulen.** Son œuvre. Paris, s. d., 2 vol. in-fol. max. veau marb., tr. dor. 200 fr.

Aux armes du Roi. Recueil contenant 115 planches gravées, en 58 feuilles. — Exemplaire légèrement atteint d'humidité.

435. **Varinot** et **Peignot.** Dictionnaire des métaphores françaises. Paris, Bertrand, 1819. — Traité du choix des livres. Paris, Renouard, 1817. Ens. 1 vol. in-8, veau. 6 fr.

436. **Vatout** (J.). Histoire lithographiée du Palais-Royal, dédiée au Roi. Paris, Motte, 1840, in-fol., demi-veau. 35 fr.

40 planches sur chine collé.

437. **Vauban** (Mal de). Traité de l'attaque et de la défense des Places. Paris, Harrois et Lambert, 1769, 2 vol. in-8, demi-basane. 5 fr.

Cet ouvrage contient 38 planches pliées en trois et 15 tables concernant la force des garnisons.

438. **Vaux** (Le baron de). Les Tireurs au pistolet, préface de Guy de Maupassant. Paris, Marpon, 1884, gr. in-8, br., couv. illust. 10 fr.

Portraits sur Chine.

439. **Vaux** (Le baron de). Les Hommes d'épée, préface par Aurélien Scholl. Paris, Marpon, 1882, gr. in-8, br. 10 fr

Planches et portraits gravés à l'eau-forte.

440. **Vergnaud - Romagnesi.** Histoire de la ville d'Orléans, de ses édifices, monumens. établissements publics. Orléans, 1830, 2 tomes en 1 vol. pet. in-8, demi-veau vert. 4 fr.

Nombreux plans.

441. **Verne** (Jules). De la Terre à la Lune, trajet direct en 97 heures 20 minutes. Paris, Hetzel, gr. in-8, percal. rouge. tr. dor. 4 fr.

41 dessins et une carte.

442. **Versi dell'** abate Vincenzo Monti. Parme, 1787, 2 parties en 1 vol. in-8, maroq. rouge, fil. tr. dor. 6 fr.

Bel exemplaire.

443. **Viardot** (Louis). Souvenirs de chasse. Paris, Paulin, 1849, in-12, demi-veau vert. 4 fr.

444. **Vicaire** (Georges). Bibliographie Gastronomique : Avec une préface de P. Ginisty et des fac-similés. Paris. Rouquette, 1890, gr. in-8 br. 15 fr.

445. **Vie** (La). de Lazarille de Tormes, ses fortunes et ses adversitez, traduite en vers françois par le sieur de B*** (par de Backer). Paris, Chamboudry, 1653, in-4, veau fauve, fil., tr. dor. 16 fr.

446. **Vie** (La) de Madame Saincte Marguerite vierge et martyre avec son oraison. Imprimé à Troyes, chez J. Lecocq, s. d., pet. in-8, caract. gothiq., broch. de 17 pp. 6 fr.

Réimpression moderne.

447. **Viel-Castel** (Le Cte Hce de). Mémoires sur le règne de Napoléon III (1851-1864), publiés d'après le manuscrit original. Avec une préface par L. Léouzon Le Duc. Berne, Haller, 6 vol. rel. en 3 vol. in-8, demi-rel., mar. fauve. 30 fr.

448. **Viel-Castel** (Cte Hce de). Collection des costumes, armes et meubles pour servir à l'histoire de France, depuis le commencement du Ve siècle jusqu'à nos jours. Paris, l'auteur et Treuttel et Wurtz, 1827.-1832, 3 vol. gr. in-4, papier vélin, demi-bas., tr. jasp. 225 fr.

300 planches coloriées.

449. **Vigée** (L. J. B. E.). Poésies, 5e édition, revue, corrigée et augmentée de pièces inédites. Paris, Delaunay, 1813, in-12, veau fauve, fil., tr. dor., fig. 3 fr.

450. **Vignole.** Règles des cinq ordres d'architecture par M. Jacques Barozio de Vignole gravés par Le Pautre, s.

l. n. d., pet. in-8 vél.   4 fr.

Frontispice, texte et planches entièrement gravés (la planche cxı manque), quelques mouillures.

451. Vigny (Alfred de). Servitude et grandeur militaires. Paris, Charpentier, 1882, in-8 br.   2 fr.

Dessins de Jeanniot.

452. Vigny (Alfred de). Servitude et grandeur militaires. Paris, Jouaust, 1885, in-8, dem.-mar. lavall., avec coins, tête dor., n. .og., couv. (Bretault).   18 fr.

Dessins de Julien, Le Blant, gravés à l'eau-forte par Champollion.

453. Villars (L'abbé de). Le Geomyler. Traduit de l'Arabe. Amsterdam, 1729, pet. in-12, demi-mar. rouge, avec coins, tr. dor., dos orné. (Petit-Simier).   4 fr.

454. Villars. Mémoires du Maréchal de Villars, publiés d'après le manuscrit original pour la Société de l'histoire France et accompagnés de correspondances inédites par M. le Mⁱˢ de Vogué. Paris, Renouard, 1887, in-8, b.   5 fr.

Tome 2 seulement.

455. Ville (Antoine de). La fortification du sieur Antoine de Ville ou l'ingénieur parfait. Amsterdam, 1672, in-8, veau. (Rel. fatiguée).   10 fr.

1 frontispice et 53 planches gravées.

456. Ville de Paris. Atlas du département de la Seine, 8 vol. in-fol. demi-rel.   60 fr.

Les 8 volumes contiennent 71 plans des cantons suburbains : Cantons de Vincennes — de Courbevoie — de Neuilly — de Pantin — de Villejuif — de Charenton — de Saint-Denis — de Sceaux. Non mis dans le Commerce.

457. Villeneuve (Mme de). Le Phénix conjugual, nouvelle du temps. Paris, Le Breton, 1734, in-12, veau, fil.   3 fr.

458. Viollet Le Duc. Dictionnaire d'architecture francaise du xıe au xvıe siècle. Paris, Bance. 1856, in-8, br.   15 fr,

Tome 1ᵉʳ seulement.

459. Virey (Claude-Enoch). L'Enlèvement innocent ou la retraite clandestine de Mˢʳ le prince avec Mme la princesse sa femme, hors de France 1609-1610, vers, itinéraires et faits en chemin. Paris, Aug. Aubry, 1859. in-12, percal., non rog.   4 fr.

460. Virgile. Les Géorgiques. Traduites en vers français par de Lille. Edition à laquelle on a joint le texte latin avec les notes et les variantes. Paris, Imp. Didot. L'an IIᵉ de la République, in-8, mar. rouge, fil., tr. dor.   20 fr.

Frontispice, portrait et figures.

461. Virmaitre (Ch). Les Virtuoses du trottoir. Paris, Lebigre-Duquesne, 1868, in-12, demi-mar. gren., avec coins, tête dor., n. rog., dos orné.   6 fr.

462. Viro amplissimo Josepho Nicolao Azora equite ordinis nobilissimi ab hispaniarum rege Caro III. Josep. Bodonis, in-4, dem. veau vert.   6 fr.

463. Vitu (A). Ombres et vieux murs. Paris, 1861, in-12, demi-rel., mar., tête dor., non rog.   5 fr.

464. Vitu (Auguste-Paris). Paris, Quantin, in-4, cart., tr. dor., non rog.   20 fr.

Illustré de 450 dessins d'après nature.

465. Vivant-Denon. Voyage dans la Basse et la Haute-Egypte, pendant les campagnes du général Bonaparte. Paris-Didot, 1802, 3 vol. in-12, demi-chagrin rouge et atlas in-fol., demi rel., fatiguée.   15 fr.

L'atlas contient le portrait de Denon et 110 planches.

466. Vivant-Denon. Point de Lendemain. Conte suivi de la Nuit merveilleuse. Paris, (Poulet - Malassis), 1777-1867, gr. in-8, mar. vert. jans., dent int., tête dor., n. rog. (Amand).   40 fr.

L'un des 15 exemplaires sur grand papier de hollande avec le frontispice de Félic-Rops en deux états en noir et en bistre.

467. Vivant-Denon. Point de Lendemain. Conte. Paris, Rouquette, 1889, in 8, br.   20 fr.

Illustré de 13 compositions de Paul Avril.

468. Voltaire. La Pucelle d'Orléans, poème en 21 chants. A Londres, 1780, 2 vol. in-8, demi-mar. rouge, avec coins, tête dor., n. rog.   50 fr.

Reimpression de Leclère ornée de figures gravées par Duplessis-Bertaux.

469. Voltaire. OEuvres complètes, avec Préfaces, Notes et Avertissements' etc., par Beuchot. Paris, Lefèvre, 1834, 72 vol. in-8, br.   250 fr.

Bel exemplaire, papier cavalier, lavé et encollé. De la collection des classiques français.

470. Voltaire. La Henriade, poème. Paris, Dubois, 1825, in-fol. demi veau rouge.   **22 fr.**

Et de Livres anciens et modernes

Nombreuses planches lithographiées dont quelques-unes sur Chine. Portraits.

471. Voltaire Siècle de Louis XIV, nouvelle édition, revue et augmentée, à laquelle on a ajouté un précis du siècle de Louis XV. S. l., 1768, 3 vol. in-8, veau fauve avec fil., tr. rouge. 8 fr.

472. Voyage autour de la chambre des députés par un Slave. Paris, René, 1845, in-8, demi - veau, portraits. 10 fr.

474. Voyage d'un exilé de Londres à Naples et en Sicile, en passant par la Hollande, le Tyrol et l'Italie par le baron d'Haussez. Paris, 1835, 2 vol. — Alpes et Danube ou voyage en Suisse, Styrie, Hongrie. Paris, 1837, 2 vol., ensemble 4 vol. in-8, cart., n. rognés. 8 fr.

475. Voyage où il vous plaira, par Tony Johannot, Alfred de Musset et P. J. Stahl. Paris, Hetzel, 1843, gr. in-8, percal., tr. jasp. 15 fr.

Illustrations dans le texte et hors texte.

476. Voyage dans mes poches. A Genève et Paris, an VII de la République, pet. in-8, cart., bradel, n. rog. 6 fr.

477. Voyages en France et autres pays par Racine, La Fontaine, Regnard, Chapelle et Bachaumont. Paris, Chaumerot, 1808, 5 tomes en 2 vol. in-12, demi-chag., plats toile, tr. peig. 8 fr.

Portraits et figures.

478. Voyages imaginaires, songes, visions et romans cabalistiques, or nés de figures. Amsterdam et Paris, 1787, 39 vol. in-8, demi-veau. 40 fr.

76 figures par Marillier, gravées par Berthet, Delvaux, de Ghendt, Delaunay, etc. Manque 2 figures.

479. Vues de Provins dessinées et lithographiées en 1822 par plusieurs artistes, avec un texte descriptif. Paris, Gide, 1822, in-4, cart., n. rog. 5 fr.

Lithographies de Motte sur chine collé.

480. Wace. Le roman de Brut, poète du XIIe siècle, publié avec un commentaire et des notes par Le Roux de Lincy, Rouen, Ed. Frère, 1836, 2 vol. gr. in-8, brochés. 35 fr.

Exemplaire en papier vélin avec planches en fac-simile

481. Wachter (A). La Guerre de 1870-71. Histoire politique et militaire. Paris, Lachaud, 1873, 2 vol. gr. in-8 de texte et 1 vol. in-4, de cartes, ensemble, 3 vol. demi-mar. vert. 12 fr.

Illustrations de A Darjou. 9 cartes.

485. Walkenaer et J. Pinkerton. Abrégé de géographie moderne, rédigé sur un nouveau plan, ou description historique, politique, civile et naturelle des empires, royaumes, états et leurs colonies. Avec celle des mers et des îles de toutes les parties du monde. Paris, Dentu, 1811, 2 vol. in-8, demi-veau fauve, cartes (Thouvenin). 5 fr.

483. Warnet. Les soixante chapitres, ou mémoires d'un fou. A Paris, chez Francart, an IX, 2 parties en 1 vol. in-12, cart. 5 fr.

2 figures.

484. Weigel (Christoph.). Historiæ celebriores Veteris (et Novi) Testamenti iconibus repræsentatæ, et selectis, epigrammatibus (latine et germanice) exornatæ. Norimbergæ (1708), 2 part. en 1 vol. in-fol. veau brun. 38 fr.

261 figures. Titre remonté. Quelques raccommodages.

485. Wentworth Dilke (Ch.). L'Europe en 1887, in-8, br. 3 fr.

486. Weirotter. Œuvre de F. E. Weirotter, peintre Allemand, contenant près de 200 paysages et ruines, dessinés d'après nature, tant en France qu'en Italie, et gravés à l'eau-forte avec beaucoup de goût par lui-même. Paris, Basan et Poignant, s. d. 1771, in-fol., demi-percal. avec coins. 100 fr.

Exemplaire avec de superbes épreuves des planches, dont la plupart avant la lettre et le portrait de Weïrotter, gravé à l'eau-forte par J. Schnnuzer.

487. Wheatley (H. B.). Les Reliures remarquables du musée Britannique au point de vue de l'art et de l'histoire. Paris et Londres, 1889, in-4, br. 35 fr.

Nombreux fac-similes de reliures.

488. Wieland. Musarion, ou la philosophie des Grâces, poème en 3 chants, traduit de l'Allemand par M. de Laveaux. Basle, 1780, in-8, veau fil., tr. dor., dos à la grotesque. (Rel. anc.). 22 fr.

1 frontispice, 3 figures et 3 culs-de-lampe par Saint-Quentin.

489. Wieland. Mélanges littéraires, politiques et morceaux inédits trad. par Loëve Veïmars et Saint-Maurice. Paris, 1824, in-8, demi-rel., mar. Laval., tr. dor. (Bertrand). 8 fr.

Très bel exemplaire.

Achat de Bibliothèques

490. Willemin (N. X.). Monuments françois inédits pour servir à l'histoire des arts ; dessiné, colorié, gravé et rédigé par Willemin. Paris, 1806, 3 vol., in-fol., demi-veau, ébarbé. **80 fr.**

Contenant 293 planches sans texte.

491. Wimpffen (Le général de). Sedan. Paris, Lacroix, 1871, in-8, br., carte. **2 fr.**

492. Winkelmann. Histoire de l'art chez les anciens. Traduite de l'Allemand avec des notes historiques et critiques de différens auteurs. Paris, Jansen, an II de la République, 2 vol. in-4. veau porphyre. **10 fr.**

Portrait, frontispice et 62 planches.

493. Witt (Mᵐᵉ de). Un Nid. Paris, Hachette, 1883. in 8, br. **3 fr.**

Illustré de 63 vignettes par Ferdinandus.

494. Witt (Mᵐᵉ de, née Guizot). Les Chroniqueurs de l'Histoire de France depuis les origines jusqu'au XVIᵉ siècle (1ᵉʳᵉ série : Les Chroniqueurs : de Grégoire de Tours à Guillaume de Tour). Paris, Hachette, 1883, grand in-8, dem. chagr. rouge, plats toile, tr. dor., (cart. de l'éditeur). **18 fr.**

11 planches en chromolithographie ; 47 grandes compositions tirées en noir et 267 gravures dans le texte.

495. Wyss (I. R.). Voyage dans l'Oberland Bernois. Traduit de l'allemand par H. d. C. Berne, 1817, 2 vol. in-8, veau, figures. **5 fr.**

496. Wolowski (L.). Traicté de la première invention des monnoies de Nicole Oresme, texte français et latin d'après les manuscrits de la bibliothèque impériale et traité de la monnoie de Copernic, texte latin et traduction française. Paris, Guillaumin, 1864, gr. in-8, br. **7 fr.**

Exemplaire sur papier de Hollande.

497. Xénophon. L'Opere morali di Xenophonte tradotte par M. Lodovico Domenechi. — In Venegia, 1547. In Fatti de Greci di Xenophonte, tradotti par M. Lodovico Domenichi. In Venegia, 1548, 2 vol. in-12, veau fauve ancien, fil. **30 fr.**

Aux insignes de Longepierre sur le dos.

498. Xénophon. Amours d'Abrocome et d'Anthia, histoire éphésienne, traduite par M. J. (Jourdan). S. l. (Paris), in-8, fig. de Humblot, mar. rouge, fil., tr. dor. (Rel. anc.) **30 fr.**

499. Xenophontis (viri armoru et litteraru laude celeberrimi) quæ extant opera (græce)). Annotationes Henrici Stephani... Editio secunda. S. l. excudebat Henricus Stephanus, 1581. — Herodoti Halicarnassei Historia, sive, historiarum libri, qui inscribuntur Musæ. Ex vetustis exemptaribus recogniti. Ctesiæ quædam. S. l. excudebat Henricus Stephanus, 1570. — Ens. 2 ouvrages en 1 vol. in-fol. mar. citron, dos orné. fil., tr. dor. (Rel. anc.) **28 fr.**

Editions rares et recherchées du texte de ces deux auteurs. Le Xénophon contient les *Annotationnes* d'Henri Estienne, morceau de 76 pp. qui manque souvent. Bel exemplaire.

500. Xientralès (Hugues de). Le vieux troubadour, ou les amours, poème en 5 chants. Paris 1812. — Frère Bonaventure et la belle Angélique, marchande de poissons, poème tragicomique en 8 chants. Paris, 1793, une figure. Ensemble 1 vol. in-12, demi-mar. rouge avec coins, tr. dor. **4 fr.**

501. Yauville. Traité de vénerie. Paris, Imp. de Tinterlin, 1859, gr. in-8, demi-percal. **22 fr.**

Les pl. hors texte sont sur chine collé. Vignettes dans le texte.

502. Young. Les nuits d'Young, suivies de ses œuvres diverses traduites de l'anglais par Letourneur, Paris, 1769, 4 vol. in-8, veau. **10 fr.**

4 vignettes de Marillier et Eisen dont un portrait par De Longueil.

503. Yver. Printemps d'Yver, contenant cinq histoires, discourues par cinq journées, en noble compagnie, au chasteau du Printemps. Par Jacques Yver, Seigneur de Plaisance, et de la Bigottria, gentilhomme Poitevin. Dernière édition. A Rouen, chez Nic. Angot, 1618, in-12, mar. grenat. (Chambolle-Duru). **40 fr.**

Bel exemplaire.

504. Zaccaria. L'anti-fébronius ou la primauté du pape justifiée par le raisonnement et par l'histoire. Paris, Sarlit, 1859, 4 vol. in-8, br. **5 fr.**

505. Zacharie. Les quatre parties du jour, poème trad. de l'allemand de M. Zacharie (par Muller). Paris, Musier, 1760, gr. in-8, v. f. ant. **50 fr.**

Exemplaire en grand papier. 1 frontispice et 4 fig., 4 vign, et 4 culs-de-lampe par Eisen, grav. par Baquoy.

506. Zeiller (M.). Topographia Galliæ. Franckfurt am Main, 1655, 13 parties en 2 vol. in-fol., demi-rel. veau. **110 fr.**

Ces deux volumes sont ornés d'un nombre considérable de planches gravées par Merian, représentant les vues de villes de France, des châteaux, monuments, au XVIIe siècle, c'est un des recueils les plus importants qui existent pour l'histoire topographique de cette époque.

507. Zodiacus christianus locupletatatus seu signa XII divinæ prædestinationis totidem symbolis explicata ab Hieremia Drexelio a societate Jesu. Editio sexta, correctior et auctior. Monachii, apud N. Henricum, 1629, in-32, titre et vign. gr., bas. ant.   5 fr.

508. Zola (Emile). L'OEuvre. Paris, Charpentier, 1886, in-12, demi-mar. vert avec coins, tête dor., n. rog., dos de mosaïque. (Bretault).   550 fr.

Exemplaire en papier de hollande orné de 91 aquarelles originales dans les marges par Tenaille.

509. Zola (Emile). Nouveaux contes à Ninon. Paris, Conquet, 1886, 2 vol in-8, br.   80 fr.

1 frontispice et 30 compositions dessinés et gravés à l'eau-forte par E. Rudaux. Exemplaire sur papier du Japon.

510. Zola (Em.). La Terre. Paris, Charpentier, 1887, in-12, demi-mar. rouge avec coins, tête dor., n. rog., couv. (Bretault).   200 fr.

Exemplaire sur papier de Hollande, orné de 28 jolies aquarelles dans les marges par Mesplès,

511. Zola (Em.). La Débâcle. Paris, Charpentier, 1893, in-12, br.   10 fr.

Exemplaire sur papier de Hollande.

512. Romans in-12, brochés et reliés, demi-percal. et percaline pleine, tête jaspée, n. rog., couv. ?

1 Ackermann. Pensées d'une solitaire, 1 volume.   1 fr.

2. P. Adam. La glèbe, 1 vol. rel.   2 fr.

3. D'Alembert. Physiologie du duel, 1 volume rel.   2 fr.

4. Aubert. (Ch.). Péchés roses, 1 volume br.   1 fr.

5. Aubryet. Jugements nouveaux, 1 volume br.   2 fr.

6. Audebrand. Souvenir des Journalistes, 1 vol. rel.   2 fr.

7. Auguez. Miroir des Cœurs, 1 volume br.   1 fr.

8. Autran. Epitres rustiques, 1 vol. br. 2 fr.

9. Babou. Lettres satiriques, 1 vol. br. 2 fr.

10. Balzac. Vie élégante, 1 vol. br.   2 fr.

11. — La démarche, 1 vol. br.   2 fr.

12. Barbier. Iambes et poèmes, 1 volume rel.   1 fr. 50

13. Bareste (E.). Nostradamus, 1 volume rel.   2 fr.

14. Bazin. Notes sur Molière, 1 volume br.   2 fr.

15. Beauvoir. (Roger de). Colombes et couleuvres, 1 vol. br.   2 fr.

16. Berger (G.). Ecole de peinture, 1 volume rel.   2 fr.

17. Bergeret (G.). Ressources fiscales, 1 vol. rel.   2 fr.

18. Bertin. Croquis de province, 1 volume rel.   2 fr.

19. Bertrand. D'Alembert, 1 vol. rel. 2 fr. 50

20. Biart. Quand j'étais petit, 1 vol. rel. 2 fr.

21. Biographie universelle, 1 vol. rel.   2 fr.

22. Blavet. Vie parisienne, 3 vol. rel.   6 fr.

23. Blaze. (H.). Œuvres, 1 vol. rel.   3 fr.

24. Boissieu. De chute en chute, 1 volume rel.   2 fr.

25. — Vivants et morts, 1 vol. rel.   2 fr.

26. Boileau. Mme D'Epinay, 2 vol. rel.   4 fr.

27. Bonnechose. Lazare Hoche. 1 volume rel.   1 fr.

28. Bonnetain. Petit homme, 1 vol. rel. 3 fr.

29. — Autour de la caserne, 1 volume rel.   2 fr. 50

30. Bourde. De Paris au Tonkin, 1 volume rel.   2 fr. 50

31. Boursault. Théâtre choisi, 1 volume rel.   1 fr. 50

32. Bouvier. Petite duchesse, 1 volume relié.   2 fr. 50

33. Boysse (E.). Théâtre des Jésuites, 1 vol. rel.   2 fr.

34. Brasseur. Jean-Jean, 1 vol. rel.   4 fr.

35. Brillat-Savarin. Physiologie du goût, 1 vol. rel.   2 fr.

36. Bruant. Dans la rue, 1 vol. rel.   5 fr.

37. Brunet. Fantaisies bibliographiques, rel.   5 fr.

38. Brunton. Anthologie de quatrains, broché.   2 fr.

39. Budé. Danger des mauvais livres, broché.   3 fr.

40. Busquet. Poème des heures, br.   2 fr.

41. Cap. Œuvres de Bernard Palissy, rel. 4 fr.

42. Capefigue. Histoire de Philippe-Auguste, 2 vol. rel.   3 fr.

43. Cabral. Vénus Génitrix, br.   2 fr.

44. Carré. Folles rimes, br.   2 fr.

45. Cavailhon. Les courses, rel.   2 fr.

46. Chabouillet. Cabinet de médailles, rel.   2 fr.

47. Champfleury. Succession Le Camus, br   2 fr.

48. Champsaur. Le massacre, rel.   2 fr.

49. Chapus. Annuaire du sport, rel.   2 fr.

50. Charles. Entretiens de Goethe, rel. 2 fr.

51. Chassin. Cahiers des curés, rel.   3 fr.

52. Cherrier. Mathurin Régnier, br.   1 fr.

Achat de Bibliothèques

53. Clarétie. Le million. rel.   2 fr. 50

54. — Voyages d'un parisien, br.   3 fr.

55. — La libre parole, rel.   2 fr. 50

56. — Ruines et fantômes, rel.   2 fr. 50

57. Blédat. Rutebeuf, rel.   1 fr. 50

58. Colombier. Sarah Barnum, br.   1 fr. 50

59. Darimon. A travers une révolution, un vol.   2 fr.

60. — Histoire de douze ans. rel.   2 fr.

61. Daudet (A.). Numa Roumestan, reliure.   1 fr. 50

62. — Trente ans de Paris, br.   2 fr. 50

63. — L'immortel, rel. (*1re édition*).   4 fr.

64. — Sapho, rel.   —   4 fr.

65. Décembre Alonnier. Typographes, relié.   2 fr.

66. De Latour. Etudes sur l'Espagne, 2 vol. en un, rel.   3 fr.

67. Delcourt. Le vice à Paris, br.   2 fr.

68. Delecluze. Louis David, rel.   2 fr.

69. Des Essarts. Poèmes de la Révolution. br.   1 fr. 50

70. Dolent. Une volée de merles, rel. 1 fr. 50

71. Du Camp. Beaux-Arts, rel.   1 fr. 50

72. Du Noyer. Histoire du comte Bucquoy, rel.   2 fr. 50

73. Durandeau. Le doute, br.   3 fr

74. Duflot. Secrets des coulisses, rel.   3 fr.

75. Dumesnil. L'Art italien, br.   2 fr.

76. Dupont. Tours et Bordeaux, rel.   2 fr.

77. Duruy. Victoire d'âme, rel.   2 fr.

78. Duranty. La cause du beau Guillaume, rel.   2 fr.

79. Dusollier. Propos littéraires, rel.   2 fr.

80. Duval (A.). Souvenirs, 1830, rel.   2 fr.

81. Emeric David. Histoire de la peinture br.   1 fr. 50

82. Enne (F.). D'après nature, rel.   2 fr. 50

83. Feuillet (O.). Journal d'une femme, relié.   2 tr.

84. Fortunatus. Procuste parlementaire, rel.   2 fr.

85. Foucher. Coulisses du passé, rel.   2 fr.

86. Fouquier. Au siècle dernier, rel.   2 fr. 50

87. Franck. L'Assemblée nationale, relié.   1 fr. 50

88. Fremy. Maitresses parisiennes, relié.   2 fr. 50

89. Frère Jean. Du neuf et du vieux, relié.   3 fr.

90. Fromentin. Une armée dans le Sahel, br.   1 fr. 50

91. — Dominique, rel.   2 fr.

92. Gallus. La marmite libérale, rel. 2 fr. 50

93. Gautier (Th.). Beaux-Arts, 1855, broché.   2 fr.

94. Gay (Sophie). Salons célèbres, re-

lié.   1 fr. 50

95. Gélu (V.). Chansons provençales, relié.   1 fr. 50

96. Géruzez. Histoire de la littérature française, rel.   2 fr

97. Gilbert, A. Thierry. Tresse blonde, rel.   1 fr. 50

98. Goncourt. (J.). Lettres rel.   2 fr. 50

99. — Ed. et J. Quelques créatures, relié.   2 fr. 50

100. — —. Théâtre, rel.   2 fr. 50

101. — —. Idées et sensations, rel.   2 fr. 50

102. Gérard. Edmond Scherer, rel.   2 fr.

103. Grenier. Mort du Juif-Errant, br. 1 fr. 50

104. Gréville. Maison de Maurèze, relié.   2 fr. 50

105. — Expiation de Saveli, rel.   2 fr. 50

106. Guillot. Paris qui souffre, br.   2 fr.

107. Halévy (L.). Princesse, 1re édition, br.   4 fr.

108. Hallais-Dabot. Censure théâtrale, relié.   2 fr.

109. Hennique. La dévouée, rel.   2 fr.

110. — L'Accident de M. Hébert, rel. 2 fr.

111. Hervé. Histoire d'Angleterre, rel.   2 fr.

112. Hervieu. Flirt, 1re édit. rel.   4 fr.

113. Heusy. Un coin de la vie de misère, rel.   2 fr.

114. Helly. Regnier, br. portr.   1 fr. 50

115. — Journal de la Comédie Française, rel.   2 fr. 50

116. Hédouville. La femme à Cheval, broché.   1 fr. 50

117. Hiéron. Epsom Chantilly, rel. 1 fr. 50

118. Histoire de Fortunatus, rel.   1 fr. 50

119. Hostein. Historiettes et souvenirs, rel.   2 fr. 50.

120. Huysmans. L'art moderne, rel. 2 fr. 50

121. — Marthe, eau-forte de forain, relié.   1 fr. 50

122. Hoche. Parisiens chez eux, rel.   2 fr.

123. Jauffret. Théâtre révolutionnaire, relié.   2 fr.

124. Jenny d'Héricourt. La femme affranchie, 2 vol. rel.   4 fr.

125. Kock. Amoureux de son mari, relié.   3 fr.

126. Lacour. Trois théâtres. rel.   2 fr.

127. La Fayette. Histoire d'Henriette d'Angleterre, rel.   3 fr.

128. Lambert Thisboust. Les poseurs, comédie, br.   2 fr.

129. Lasalle. Treize salles de l'Opéra, rel.   3 fr. 50

130. Lavedan. Nouveau jeu, rel.   2 fr.

131. Lébre. Nos grands avocats, rel.   2 fr.

132. Lecomte. Voyages de désagréments br.   2 fr.

Et de Livres anciens et modernes

133. Lemoinne. Nouvelles études critiques, rel.   2 fr.

134. Lepage. Boutiques d'Esprit, rel.   3 fr.

135. Lescure. Œuvres de la Marquise de Lambert, front.. br.   3 fr.

136. Lesguillon. Contes du cœur.   2 fr.

137. Lettres du baron Grimm, rel.   2 fr. 50

138. Leveaux. Théâtre de la Cour à Compiègne, rel.   2 fr. 50

139. Limayrac. Coups de plumes sincères, rel.   2 fr. 50

140. Lombrail. Aperçus sur la doctrine, positive, rel.   1 fr. 50

141. Luchet. Mœurs d'aujourd'hui, broché.   2 fr.

142. Macé. Un joli monde, br.   1 fr. 50

143. Mage. Voyage dans le Soudan, br. 1 fr.

144. Malot. Bohême tapageuse, 2 vol. broché.   3 fr.

145. Margueritte. Force des choses, relié.   2 fr.

146. — Pascal. Géfosse, rel.   2 fr.

147. Marmottan. Ecole française de peinture, rel.   2 fr. 50

148. Marx. Mémoires de Paris, rel.   2 fr.

148 bis. — Profils intimes, rel. 1ᵉ édit.   2 fr.

149. Maupassant. Inutile beauté, rel., 1ʳᵉ édition.   5 fr.

150. — Pierre et Jean, rel., Iʳᵉ édit.   5 fr

151. Mauzaine. Voyage au pays de la Bouillabaisse, rel.   2 fr.

152. Mendès-zo' har, rel.   2 fr.

153. Mérouvel. Le Krach, rel.   2 fr.

154. Méténir. M. Betsy, rel.   1 fr. 50

155. Michelet. Légendes du Nord, relié.   2 fr. 50

156. Mirecourt. Histoire sous Robespierre, rel.   1 fr. 50

157. — Nos voisins les Anglais, rel. 1 fr. 50

158. — La Bourse et les signes, rel. 1 fr. 50

159. — Mon Journal pendant la commune, relié.   1 fr.

160. M. Monnier. Pompéi et les Pompéiens, rel.   1 f.. 50

161. Monselet. Portraits, br.   3 fr

162. Montalivet. Dix-huit années de Gouvernement, rel.   2 fr

163. D. Montbel. Odyssée et poésies, relié.   2 fr.

164. Muret. Histoire par le théâtre. 3 volumes reliés.   6 fr.

165. Musset. Premières poésies, rel.   2 fr.

166. Nicolardot. Confession de Sainte-Beuve. broché.   1 fr. 50

167. Nivelet. Molière et Guy Patin, broché.   1 fr. 50

168. Nodier Ch. Nouvelles, rel.   2 fr,

169. — Franciscus Columna, br.   2 fr. 50

170. Ollivier E. Le 19 Janvier, rel.   1 fr. 50

171. Palefroi.. Théâtre bizarre, rel.   2 fr.

172. Papiers et correspondance de la famille impériale, 2 vol., rel.   5 fr.

173. Patria. La France ancienne et moderne, 2 vol., br.   4 fr.

174. Pène, (H. de). Paris intime, br.   2 fr.

175. Pic. (Ulysse). Lettres Gauloises rel.   1 fr. 50

176. Pirouette. Livre des convalescents br., dessins de H. Pille,   1 fr. 50

177. Poirot. Cours de Topographie br. 1 fr. 50

178. Poitou. Portraits littéraires, rel.   1 fr 50

179. Poli, Vte. Robert Assire, br,   2 fr.

180. Pommier. Sires des fleurs de Lis rel.   1 fr. 50

181. Prémary. Le chemin des écoliers, br.   1 fr. 50

182. Privat d'Anglemant. Paris anecdote, br.   2 fr. 50

183. — Paris inconnu, rel.   2 fr. 50

184. Racot. Portraits d'aujourd'hui, rel. 2 fr.

185. — Portraits d'hier, rel.   2 fr.

186. Ricard. Pitchoun, rel.   2 fr. 50

187. Rivet. Victor Hugo devant l'opinion, rel.   2 fr.

188. Rigault. Conversations littéraires, rel.   2 fr.

189. Robert Cazé. Grand-mère. rel.   2 fr. 50

190. Rohan-Soubise. Poésies, br.   2 fr.

191. Rollinat. Dans les brandes, 1ʳᵉ édition, rel.   10 fr.

192. Roquette (de la). Histoire de l'Amérique, 2 vol. br.   3 fr.

193. Rostand. Sentiers unis, rel.   1 fr. 50

194. Rude. Confidences d'un journaliste, rel.   1 fr. 50

195. Saint-Môr. Paris sur scène, br.   2 fr.

196. Saman (Mᵐᵉ). Enchantements de prudence, rel.   2 fr.

197. Schanne. Souvenirs de Schaunardel, 2 fr.

198. Silvestre Th. Artistes français. rel.   2 fr. 50

199. Silvestre A. Pays des roses, br. 2 fr. 50

Le Propriétaire-Gérant : **Th. BELIN.**

Péronne. — Typ. Eug. CRÉTY.

9 782329 643496